思想としての仏教入門

末木文美士

Transview
トランスビュー

はじめに

仏教は紀元前五世紀から二十一世紀の今日に至るまで、アジアの各地に広まり、そればかりか欧米まで含めて、きわめて多様で豊かな姿をとって発展してきた。仏教はひとまず宗教という範疇に収めて考えられるが、実際には文化全体に及ぶさまざまな側面を持ち、幅広い影響を与えてきた。

ここでは、その中でも思想という側面に光を当てて考えてゆく。思想という言葉は曖昧であるが、仏教の中には、今日の欧米の最先端の哲学と太刀打ちできるような哲学的な思想もあり、また、宗教的な体験に裏打ちされた深い思索や、社会的な変革をも志向する鋭い問題提起も見られる。そのごく一端を論ずるだけでも、膨大な専門書が幾冊も著わされている。

しかも、今日の日本で生きている仏教は、紀元前にインドで誕生した仏教とはあまりにかけ離れている。そればかりか、同じように今日生きている仏教をとっても、日本の仏教とチベットの仏教、あるいは南伝系の上座部《じょうざぶ》の仏教とは、同じ宗教といえないほどの相違がある。それを「仏教」というひとつの言葉で括ることができるのであろうか。それらをすべてまとめて、このような小冊子で仏教思想を論じることができるのであろうか。それはあまりに大胆で、およそ不可能なことではないだろうか。

チベット仏教の指導者で、ノーベル平和賞の受賞者でもあるダライ・ラマ十四世は、多数の著書を著わして、欧米にも数多くの信者がいるが、その思想は、私たちが日本の伝統の中で受け継いできた仏教の思想とはずいぶんと違ったものである。しかし、それが正しい仏教であり、日本の仏教は誤っているということはできない。もちろん逆に、日本の仏教が正しいから、チベットの仏教は誤っているということもできない。

そう考えれば、中立的で客観的な仏教思想は成り立たなくなる。それぞれの場で、それぞれの仏教の伝統を受け止めながら、自らの思想を鍛えていかなければならない。それゆえ、今、日本で生きている私たちが「思想としての仏教」を論じようとするときには、当然ながら、日本に伝わってきた仏教の伝統と、今の日本という場を抜きにして考えることはできない。したがって、本書で中心に考えられるのは、インドから東アジアに伝わり、日本という場に定着してきた仏教の流れである。東南アジアの上座部系の仏教や、インド後期からチベットへと展開した仏教をも視野には収めるが、必ずしも十分に論及していない。

もちろん、自らの背負う伝統を重視するということは、伝統を墨守し、無批判に従うことではない。むしろ今日の場に立って、伝統を解体し、批判的に継承してゆくことこそ重要である。それによってはじめて、思想の伝統を今日に甦らせることができるのである。これまで仏教思想について論じられるとき、この面があまりに弱かったのではないかと反省される。

それゆえ、本書は一面で、インドから日本にまで伝わる仏教の伝統を踏まえた、仏教思想の入門的な概説であるとともに、もう一面では、その伝統を今日の場から批判的に見直す試みでもある。そこで、本書では通常用いられる仏教の体系を用いず、また、各章の表題にはあえて仏教の専門的な術語を避けて、今日的な視点から仏教思想をどのように捉え直すことができるか、いささか大胆に挑戦してみた。また、学界の定説だけでなく、個人的な疑問や私見をも率直に記した。仏教思想は決してドグマの閉じられた体系ではなく、むしろ私たちが世界や人生について考えてゆく手掛かりであり、開かれた方法である。

本書によって、初学者は一応、仏教思想に関する最低限の知識を得ることができるであろう。その歴史や基本的な術語もかなりカバーしているつもりである。限られたスペースに、やや内容が盛り沢山に過ぎるかもしれないが、仏教がそれだけ豊かな伝統と可能性を持っているということである。わかりにくいところは、脚注や索引を有効に活用してもらいたい。

しかし、本書が仏教の入門であると同時にその批判的な再構築である以上、読者に本当に求められるのは、単なる知識の暗記ではなく、読者自身が仏教の伝統をどのように受け止め、どのように批判的に自らのものとしていくことができるかということである。本書が読者によって批判され、乗り越えられてゆくことこそ、著者のもっとも望むところである。

思想としての仏教入門＊目次

装幀　高麗隆彦

思想としての仏教入門

1　いまなぜ仏教か

1　多様な仏教

三つの大きな流れ

これから仏教思想について考えてゆくに当たり、まず、どのような観点から仏教をみてゆくかという方法論的な問題を簡単に述べておきたい。

仏教は大きくいって三つの流れを持っている。第一に、スリランカから東南アジア、すなわちミャンマー（ビルマ）やタイに伝わった系統で、これを南伝系と呼ぶ。第二に、東アジア、すなわち中国から朝鮮半島、さらに日本に伝わった系統で、東アジア系と呼ぶ。第三に、チベットに伝わったもので、その後モンゴルにも広まった。これをチベット系と呼ぶ。この三つの系統は同じ仏教といっても性格が大きく異なっている。言語の点からみると、南伝系はパーリ語[1]というインド系の言語を用い、東アジア系は漢文（古典中国語）、チベット系はチベット語[2]を中心としている。これら三つの系統は、同じ一

（1）パーリ語（Pāli）はもともとインドの俗語のひとつであるが、後にブッダ自身がパーリ語で語ったという伝承が生まれ、聖典語として特別視されるようになった。二九頁参照。

（2）チベット語はチベット・ビルマ語族の言語であるが、文字は七世紀にインド文字に倣って作られた。現代でも用いられるが、仏典に用いられる古典チベット語とはかなり相違する。

つの宗教ということができるかどうかさえ疑問なほど、相違が大きい。

そもそも仏教の起源は紀元前四世紀、または五世紀のインドに遡る。仏教の開祖はブッダ[3]（仏陀・仏）と呼ばれる。この呼称はもともと「悟った人」という意味の一般名詞で、必ずしもひとりに限らないが、その中でも仏教の開祖を特に指して用いることが多い。

仏教の開祖とされる人の本名はゴータマ・シッダールタ[4]（シッダッタ）といい、そこからしばしばゴータマ・ブッダとも呼ばれる。その出身の種族はシャーキヤ（釈迦《しゃか》）族で、そこからシャーキヤ・ムニ（釈迦牟尼《むに》。釈迦族の聖者の意）、あるいは釈尊《しゃくそん》とも呼ばれる。また、如来[5]・世尊[6]などとも呼ばれる。その伝記は伝説的な色彩に彩られており、北インド、現在のネパール地方の王族の出身であったが、世俗の生活に満足できずに出家し、三十五歳ごろ悟りを開いたといわれる。その後、当時のインド文化の中心であったガンジス川中流地域で伝道を続け、八十歳で亡くなった。

ブッダ滅後、しばらくはブッダの教団はその弟子たちによって維持された。ブッダの在世時からこの頃までの仏教のことを原始仏教、あるいは初期仏教[7]と呼ぶ。ブッダ滅後百年頃から教団が分裂するようになり、最終的に二十から三十くらいの派に分かれる。これらの派のことを部派《ぶは》と呼び、この頃の仏教を部派仏教と呼ぶ。その一つが上座部《じょうざぶ》（テーラヴァーダ[8]）で、南伝系の仏教はこの系統を受けている。しかし、部派がさまざまに分かれて煩雑になると、それに対する批判的な動向が出てきて、紀元前後頃から大乗《だいじょう》

（3）ブッダ（Buddha）は、√budh（目ざめる）の過去分詞形が名詞化したもの。「仏陀・仏」は Buddha の音写語。日本語の「ほとけ」の語源については諸説ある。

（4）ゴータマ（Gotama）は最高の牛の意、シッダールタ（Siddhārtha）は成就の意。

（5）如来の原語は tathāgata.「このように（悟りの世界に）行ったもの」と「このように（悟りの世界から）来たもの」の二義があるといわれるが、漢訳の「如来」は後者の意による。

（6）世尊（bhagavat）は聖なる者の意で、仏教以外でもインドで広く使われる。仏には、仏・如来・世尊など、十の称号（仏の十号）があるといわれる。

（7）英語では、Early Buddhism（初期仏教）がふつうであるが、日本では明治以来、「原始仏教」の呼称が広く使われてきた。

仏教[9]の運動が起こってきた。大乗仏教の立場から、従来の仏教は小乗《しょうじょう》仏教と呼ばれて批判の対象となった。

大乗仏教にも長い歴史的な展開があり、さまざまな立場があるが、東アジアには比較的早い時期のものが伝わった。紀元一世紀には早くも仏教が中国に伝えられ、したがって大乗仏教はその創生期から入ってきた。中国へ仏教が伝わるのは、中央アジア回りと南方の海を経由して来るものと二つのルートがあるが、早い時期には中央アジア経由の方が盛んで、したがって北西インドの仏教が主として伝わった。

次にチベット系の仏教ははるかに遅れ、伝来は七世紀頃まで下る。この頃、インドの仏教は大乗仏教の活動の後期に入っているので、チベット系の仏教は後期の大乗仏教が中心となった。同じ大乗仏教でありながら、東アジア系とチベット系が大きく相違するのはこのような理由による。

以上のように、一口に仏教といっても大きく三つの系統があり、その影響範囲は西アジアを除く全アジアに及ぶ。仏教は発生地のインドでは十三世紀初頭に滅ぶが、これら三つの地域では現代まで伝えられ、盛んに活動を行っている。仏教は欧米にも広く布教され、特に今日チベット系と東アジアの禅系統の仏教が盛んである。このように領域が広範囲にわたり、また、研究が細分化されてそれぞれの分野での研究が極めて高度に精密化しているので、それらをすべてカバーするような概論は、実質的にはほとんど不可能といわなければならない。

（8）テーラヴァーダ（Thera-vāda）は長老たちの説の意。

（9）大乗は Mahāyāna の訳。大きな乗り物の意とされる。小乗（Hīnayāna）に対して、あらゆる衆生（生あるもの）を救うことを目指すという。

東アジア仏教の多様性

こうした事情を考えて、本書では一応仏教の全体の流れを視野に収めつつも、東アジアに伝わった仏教の系統を中心に見てゆくことにしたい。また、中でも日本に拠点を置いて見てゆきたい。これは私自身の専門の関係もあるが、それと同時に、我々日本人の生活や発想と密着したところから仏教を考えてゆきたいと希望するからである。なお、東アジアの仏教と一口にいっても、その中でもまた、中国・朝鮮・日本のそれぞれの地域によって仏教の形態は大きく異なっている。仏教といっても、何かある単一な真理の体系があるわけではなく、むしろ多様な仏教、さまざまな仏教があるということを認めることから、まず出発したい。

では、そのような多様な仏教はそれぞれ全く別のもので、相互に無関係かというと、そうともいえない。それならばそれぞれ別の流れを受けた仏教者、あるいは仏教研究者相互の対話は成り立たなくなってしまう。それが成り立つためには、何らかの共通の了解がなければならない。では、どこにその共通性が成り立つのであろうか。それについてはさまざまな案が提出されているが、必ずしも決定的なものはなく、ある程度漠然としたものにならざるを得ない。

ある研究者は、思想的な共通点が見出しにくいところから、仏教の共通項は戒律にある、という説を提示した[10]が、日本の仏教のように、戒律があまり厳密に守られず、なし

(10) 例えば、ポール・ウィリアムズ『大乗仏教』(Paul Williams, *Mahāyāna Buddhism*. 1989)。

崩しにされてしまうような状況をみると、これもまた共通項とはなし難い。しかし、それでも日本の仏教の戒律無視がしばしば話題として取り上げられるのは、逆にそこに仏教は戒律を守るべきだという規範が漠然と前提とされているともいえる。戒律を守り、教団を形成するところに仏教の実践が成り立つのであり、衣の色は違っても、髪の毛を剃った出家者はどの仏教圏にも存在し、仏教らしさを形作っている。

共通了解はあるか

また、仏教の起源に関する共通の了解として、ゴータマ・ブッダに由来する言説ということが挙げられる。大乗仏教は新しい経典をたくさん作成し、それらは事実上はブッダの説いたものではないが、ブッダが説いたという形[11]を取ってその正統性を要求する。もっとも密教においては、ゴータマ・ブッダが説いたという形さえ取らなくなるが、それでもその源泉がゴータマ・ブッダに由来するという記憶は保持され、したがって、事実かどうかはともかく、ゴータマ・ブッダと結びついているという自覚が仏教としての自覚になるということができる。ゴータマ・ブッダが言わんとしたのはこうだ、と相互に主張しあうところに、仏教内部で相互の論争も起こりうるわけで、その前提がなければ、そもそもかみ合った議論が成り立たない。

それと関連して、原始仏教の教説が仏教の共通の祖型を示しているのではないか、ということもある程度はいえる。例えば、諸行無常《しょぎょうむじょう》・諸法無《しょほうむ》我《が》・涅槃寂静《ねはんじゃくじょう》の三つをセット

(11) 仏教の経典は、基本的に「このように私は聞いた」(如是我聞)という書き出しではじまる。「私」はブッダのお側近くに仕えたアーナンダ(阿難)のことで、彼がブッダから聞いたことが記されているという形式になっている。

にしたものが三法印《さんぼういん》といわれ、これこそ仏教の中心思想を表わす標識であるとしばしばいわれる。(12)確かに原始仏教の教説としてこのセットはよくその内容を表わしているが、大乗仏教まで含めると、このセットが徹頭徹尾仏教の中心思想であるとはいえない。しかし、後世の仏教でも、無常とか無我とかいうことが常に意識され、それと反するようなことをいう場合には、しばしば弁明が必要とされることを考えると、こうした基本的な発想がある程度仏教の基準となるものだということはいえよう。

また、仏・法・僧の三宝に対する帰依(13)（三帰依《さんきえ》）を、仏教の共通の信仰告白の基礎としようとする立場もあるが、これも日本の仏教では必ずしも重視されるわけではない。

このように、ある程度漠然とした仏教の了解はあるが、その中での振幅は非常に大きく、また、キリスト教のように、厳しく異端を糾弾することもないので、そこからかなり逸脱しても仏教として認知される場合が少なくない。それに対して、はっきりと仏教とは何かを規定して、その基準にあったもののみを正しい仏教として認めるべきだという主張もなされている。(14)そのような説には非常に傾聴すべき点も多いが、私はもう少し曖昧な領域を残して、漠然と考えた方が実態とも合致して、適当ではないか、と考えている。また、地域・時代による発想の相違ということは非常に重要で、それを無視して仏教を単一の宗教として確立しようとするのは、無理があるのではないだろうか。多様性を認めつつ、どこに相違があるのかをはっきり認識してゆくことが重要ではあるまいか。

(12) 五五頁以下参照。

(13) 帰依は、頼りにすること、よりどころとすること。「法」(dharma) はブッダの教え、「僧」(saṅgha) はブッダの教えを伝える出家者の教団。

(14) 例えば、第13章注(11)に記した批判仏教の立場から、「正しい仏教」を確定すべきだという主張がなされている。

2　さまざまな視座

思想の視点から

次に問題にしたいのは、仏教をみる視点の多様性である。まず、当然ながら仏教は一つの宗教であるから、信仰の立場、あるいは実践の立場ということが考えられ、その方面から書かれた入門書や体験書は極めて数が多い。それはもちろん重要であり、価値高いものも少なくないが、ここではこのような面には深く立ち入らない。では、信仰や体験に深入りせずに、どのように仏教を語ることができるかというと、それを思想体系的に、または歴史的に叙述するという方法が考えられる。

仏教の思想を体系立てて論述するというのは必ずしも新しいことではなく、チベットの綱要書などにもみられる。日本では鎌倉時代に凝然《ぎょうねん》（一二四〇—一三二一）が『八宗綱要《はっしゅうこうよう》』という入門書を著わし、今日に至るまで読み継がれている。この書は、南都《なんと》六宗《ろくしゅう》（倶舎《くしゃ》宗・成実《じょうじつ》宗・律《りつ》宗・三論《さんろん》宗・法相《ほっそう》宗・華厳《けごん》宗）に天台《てんだい》・真言《しんごん》二宗を加えた八宗について、その歴史と教義を概観し、付録として、浄土宗と禅宗が加えられている。今日でも初学者の必読書である。凝然はまた、『三国仏法伝通縁起《さんごくぶっぽうでんずうえんぎ》』という歴史書も著わしている。

近代に至って歴史性を重んじた研究が盛んになるにつれて、歴史的な展開を追った思想史的な研究が多くなり、そのような観点から書かれた概論は少なくない。ただその場合、インドの仏教から出発すると、インドだけでも問題は無数にあり、どうしてもインドが中心で、それ以外の地域は付随的に扱われることになりがちである。

統一理念の終わり

歴史性と体系性をミックスした形での総合的な仏教論として、もっとも定評のあるものに宇《う》井《い》伯寿《はくじゅ》（一八八二—一九六三）の『仏教汎論』（一九四七—一九四九）がある。これは一千頁を超える大部なもので、仏教の百科全書といってさしつかえない。宇井は近代の文献実証的な仏教学を大成するとともに、深い信仰を有していた学者で、同書は近代の仏教学の成果を集大成しつつ、それがそのまま信仰されるべき仏教の姿を示すという構造になっている。また、そこではインドから中国を経て日本に至るまで各地域の仏教が扱われ、仏教史はいわば諸文化を一貫して流れる筋書きを持つものとして叙述されている。同書はある意味で近代の仏教学のもっとも幸福な時代の遺産であり、そこでは、研究と信仰・実践が調和し、また、地域による仏教の相違も全体として統一されるものと解釈されている。

今日このような幸福な研究状況はなくなり、『仏教汎論』の終わったところから現代の研究が始まっている。仏教の地域による相違は統一的な仏教という理念を打ち壊し、また、客観的研究と信仰や実践は必ずしもうまく調和するものとはいえなくなった。そもそも客観的研究と信仰・実践という二項対立自体が疑わしくなっている。そのような状況で、どのように仏教を語ることができるのか、それが我々に課せられた課題である。

3　方法としての仏教

伝統批判の意味

では、今日どのように仏教を語ることができるであろうか。ここで簡単に西欧における哲学の場合を考えてみよう。哲学はギリシャ以来の西欧文化の軸であり、学問の王道を歩んできたが、その最後の頂点をなすのがヘーゲルであった。ヘーゲル以後、現代の哲学は体系の崩壊、哲学の崩壊という事実から出発しなければならなかった。マルクス、キルケゴール、ニーチェなどに始まる現代の哲学は、哲学そのものの批判や否定の上に成り立つという矛盾した構造を持ち、それはハイデガーやさらには現代のデリダなどにも受け継がれている。『反哲学史』[15]（一九九五）で木田元が強調するように、西欧の哲学は決して普遍的なものではなく、むしろ西欧の癖の強い、ある意味では奇妙な考え方の伝統であり、決して西欧の優越性を証明するものではないことが、今日明白になっている。

ところで、こうした現代の哲学者による哲学の自己批判をみて、「西欧の哲学は行き詰まった。今こそ東洋の時代だ」というふうにしばしば短絡的に主張する人があるが、これは極めて危険である。我々が学ぶべきことは、西欧がだめなら東洋がある、というような安易な態度ではなく、現代の西欧の哲学者が、自らのぎりぎりの生命を賭けて自

（15）木田元『反哲学史』（講談社学術文庫、二〇〇〇）。

らの受け継いできた伝統と闘っている、その精神でなければならない。

西欧の伝統がだめで、日本の、あるいは東洋の伝統が正しいというのはあまりに身勝手な論理であり、西欧崇拝の裏返しとしての無批判な東洋主義、日本主義ほど危険なものはない。その論理によって日本のナショナリズムは不幸な戦争へと突入することになったのである。今日の日本の精神状況の行き詰まりをみるとき、重要なことはもう一度我々の中に流れている伝統を反省し、批判していくことではあるまいか。西欧崇拝でもなく、その裏返しの日本主義、東洋主義でもなく、自らのうちなる伝統をきちんと批判的に継承してゆくことができて、はじめて自立的な思想の形成が可能となるのではないだろうか。

外来思想としての仏教

それではなぜ、そのときに特に仏教が問題になるのであろうか。仏教は外来の宗教思想である。日本の伝統を考えるのに外来の宗教思想である仏教を問題にするというのは、いささか逆説的である。しかし、日本の思想伝統は、常に外来のものを受容し、自分のものとして消化することによって発展してきた。仏教だけでなく、儒教でも、近代の西欧思想でもそうである。外来思想をいかにして受容し、自らのものとしてゆくかに、日本の思想の特徴があるといってもよい。そうだとすれば、もっとも古く、もっとも日本人の中に定着しているかにみえる仏教を問題にするのは、所以《ゆえん》のないことではない。

　さらにその際、もう一つ重要な点がある。外来思想ということは、それが一文化に内在的なものとして捉えられず、外に向かって開かれているということを意味する。日本の枠の中で日本の思想を考えることは、ともすれば狭いナショナリズムに陥る危険を多分に持っている。それに対して、仏教はもともとはインドに由来しつつ、中国に由来する要素、また日本で付け加わったり、変形したりした要素など、さまざまな要素が複合されている。仏教について知ることは、同時にインドや中国について知ることでもあり、それらを分析し、どのように変容してきたのか見極めることは、日本思想の狭さを克服し、また、どこに日本的な歪みがあるのかを明確にしてゆく上で、極めて大きな役割を果たすのではないかと期待される。

常識の解体

　私は、このように私たちの中に流れ込んでいる思想的伝統を分析し、解明し、そして批判的に新たな思想形成を準備してゆく、その最善の手がかりとして仏教を考えてみたい。私はそれをかりに「方法としての仏教」と呼んでいる。それは信仰や実践の立場から仏教をみるのとも異なっており、また、インドから出発して歴史的、客観的事実として叙述してゆくのとも異なっている。

　近代の仏教研究は、信仰・実践の立場と客観的・歴史的研究が表裏一体となった調和論の上に成り立っているが、今日もはやその幸福な調和は成り立たなくなっている。そもそも信仰・実践の立場と客観的・歴史的研究を二元化する発想自体が、あまりに単純な固定化として問い直されなければならない。また、客観的・歴史的にインドから叙述を進めていけば、自ずから日本の仏教に至り、日本の仏教の正統性が証明されるという楽観論も、放棄されなければならない。インドから出発する仏教が一方にあり、他方に今日私たち自身が伝統として受け止め、そこから出発しようとしている仏教がある。ブッダが出現した紀元前五世紀のインドと、我々が生きている二十一世紀の日本とはあまりにかけ離れている。そのとてつもない両極の緊張の中に、ありきたりの仏教史の常識は解体する。我々はそこから出発しなければならない。

先の「反哲学」という考え方を適用するとすれば、いわば「反仏教」という作業がなされなければならない。「反仏教」ということは、仏教を否定することではなく、仏教をどのように批判的に継承してゆけるかという作業に他ならない。本書は、一方で今日一応常識になっている仏教学の基本的な概念についてのガイダンスを行いつつ、同時に他方で、それを解体して新たな可能性を模索してゆくという、二重の作業を含むことになる。それゆえ、いずれも中途半端に終わるのではないかという危惧もあるが、第三者的な叙述ではなく、私自身、あるいは読者自身が関わらざるを得ない問題として、仏教の問題を考えてみたいと思っている。

2　歴史的概観

1　インド

ブッダの生涯

本書は歴史的展開を追うのではなく、むしろそれを解体して新たな問題設定のもとに進めていきたいが、そのためにも前提となる仏教の歴史の流れをここでごく簡単に記しておきたい。

前章に触れたように、仏教の開祖はゴータマ・ブッダといわれる人物であるが、その伝記[1]は伝説に彩られており、どこまで事実かなかなか決めがたい。その生存年代についても二説あり、南伝系は紀元前六〜五世紀、北伝系の一部の資料は紀元前五〜四世紀とみている。いずれを取るべきかについては議論が分かれるが、今日では後者の説を取る研究者が増えている。出身はインドとネパールの国境近く、ネパール側と考えられる[2]。王族の出身で、父はスッドーダナ（浄飯《じょうぼん》王）、母はマーヤー（摩耶夫人《まやぶにん》）と伝えられる

(1) 聖人の伝記は hagiography と呼ばれ、はじめから聖人としての伝承が加わっている。そのため、通常の伝記（biography）から区別される。

(2) ブッダの生誕の地はルンビニーと伝えられる。ルンビニーと、悟りを開いたブッダガヤー、最初の説法の地であるミガダーヤ、涅槃の地であるクシナーラーは四大聖地とされる。

が、早くに母を亡くし、叔母に育てられた。結婚して子供ももうけたが、人生の老・病・死の苦悩を知って出家し、苦行者の群に身を投じた。しかし、それでは自分の求めた悟りを得ることができないと知って苦行をやめ、三十五歳の頃、ブッダガヤーの菩提樹のもとで坐禅を組んで瞑想していたときに悟りを開いた。このときに悟った人、すなわちブッダとなったのである。

ブッダの後半生は、当時の都市国家の中でも、ガンジス河中流のもっとも勢力の盛んなマガダ国やコーサラ国(3)を中心に布教の生活を送った。最初の説法（初転法輪《しょてんぽうりん》）(4)は、ベナレス郊外のミガダーヤ（鹿野苑《ろくやおん》）で、苦行時代の仲間五人に対して行われたが、次第にその説に従う人が多くなり、教団組織が成立した。こうして八十歳まで比較的平穏のうちに布教活動を続け、最後は信者の布施した豚肉（茸ともいう）が原因で、クシナーラー（クシナガラ）で亡くなった。ブッダの死を涅槃《ねはん》（ニルヴァーナ）(5)という。涅槃は本来は、悟りを開いて迷いの原因を断ち切った完全な境地をいうが、死によってブッダの悟りは最終的な完成に達するわけである。

教団の分裂

ブッダが亡くなった後、ブッダの弟子たちはブッダの教えを守って修行や勉学に励んだが、その間にさまざまな問題が生じてきた。特に教説上の解釈の相違は教団内部の分裂を孕み、それを防ぐために結集《けつじゅう》(6)という集会をもって経典の編纂などの努力が続けられ

(3) とりわけ、マガダの王ビンビサーラはブッダに篤く帰依し、首都ラージャグリハ（王舎城）でしばしば説法がなされた。同地のムリドゥラクータ（霊鷲山）は特に説法地として有名。コーサラの首都シュラーヴァスティー（舎衛城）の祇樹給孤独《ぎじゅぎっこどく》園《おん》（祇園）もスダッタ（須達）長者から寄進を受け、ブッダはしばしば滞在した。

(4) ブッダは理想的な王である転輪聖王《てんりんじょうおう》に喩えられる。転輪聖王が輪の武器によって世界を統一するように、ブッダは正しい教え（法）という輪を回して世界に広めるという意で、その説法は「転法輪」と呼ばれる。初期の彫刻では、しばしばブッダは菩提樹（悟りを表わす）や法輪によって象徴される。

(5) ニルヴァーナ（nirvāṇa）は、煩悩の焰を吹き消したことをいう。ブッダの涅槃を描いた経典が『涅槃経』であり、部派のものと大乗のものがある。

たが、ブッダ滅後百年くらいから教団の分裂が始まった。最初は上座部と大衆《だいしゅ》部という二つに分かれ、これを根本分裂と呼ぶ。上座部の方が保守的な傾向が強く、大衆部の方が時代に適応して規則を変えるべきことを説いたといわれる。

ちょうどブッダが亡くなって百年くらいして、マウルヤ朝のアショーカ王（阿育《あいく》王）が現われ、それまで分裂していたインドを統一する（在位紀元前二六八―二三二）。王は悲惨な戦争を続けてインド統一を成し遂げたが、統一後は仏教に帰依して、その教えを広めるのに努めたといわれ、各地に自らの理想を記した碑を建てさせた。これらはアショーカ王碑文(7)と呼ばれ、今日各地で発見されて、当時の状況を知る手がかりとなっている。

その後、滅後二百年頃には二十部くらいになり、これを枝《し》末《まつ》分裂《ぶんれつ》と呼ぶ。この時代の仏教を部派仏教と呼ぶ。代表的な部派には、南伝系の上座部や、東アジア系の仏教と関係の深い説一切有部《せついっさいうぶ》(8)などがある。これらの部派は、アビダルマと呼ばれる哲学的な教理書を発展させた。日本などで仏教の基礎理論として学ばれる『倶《く》舎論《しゃろん》』（『阿《あ》毘《び》達《だつ》磨《ま》倶《く》舎《しゃ》論《ろん》』）は、説一切有部の理論をもとにしたものである。

こうした部派の全盛の中で、その思想面や教団組織の硬直化を嫌う動向が見られ、それが発展して大乗仏教が生まれたと考えられる。大乗成立の問題については後に改めて取り上げるが(9)、従来定説となっていた説によると、部派の教団組織と別に、ブッダの遺骨を収めた各地のストゥーパ（塔）に集まった、在家の信者たちが中心となって出てき

（6）結集（saṃgiti）については三一頁参照。

（7）アショーカ王碑文はパキスタン、アフガニスタンから南インドまで、四十以上見つかっている。主として宗教に基づく政治・倫理的な教えを記すが、言語的な資料としても重要。

（8）説一切有部は、すべての存在要素の実在を主張する。その理論については、六七頁以下参照。

（9）第9章（一〇五頁以下）参照。

た運動から始まったと考えられている。それに対しては、最近、強い批判があり、大乗仏教も在家者ではなく、部派の出家者の中から生まれたという見方が有力になっている。いずれにせよ、大乗仏教が成立したからといっても部派の勢力が衰えたわけではなく、むしろ最近の研究によると、大乗仏教の方が長い間独自の教団組織を持たず、教団を支配していたのは部派だったと考えられている。

大乗仏教の展開

さて、大乗仏教の運動においては、新たな大乗経典が形成されるとともに、次第に理論的・哲学的な面から、大乗の特徴を主張する流れが形成されるようになった。大乗仏教の二つの大きな学派は中観《ちゅうがん》派と唯識《ゆいしき》派であるが、そのうちでは中観派の方が先に形成された。中観派の祖は紀元二〜三世紀の南インドの人ナーガールジュナ（竜樹《りゅうじゅ》）であるが、その主著『中論《ちゅうろん》』において、当時の部派の説、特に説一切有部の説を厳しく批判し、原始仏教の無我・縁起の思想を「空《くう》」の思想として蘇らせようとした。

ナーガールジュナの弟子にアーリヤ・デーヴァ（提婆《だいば》）がおり、その著『百論《ひゃくろん》』は、ナーガールジュナの『中論』『十二門論』とともに、三論と呼ばれ、中国で三論宗[10]の基礎となった。その後、中観派は五世紀頃に帰謬《きびゅう》論証派[11]と自立論証派[12]とに分かれた。帰謬論証派は、真理は積極的に言語で表現することはできないとして、他派の批判によって間接的に真理を表現しようとするが、それに対して、自立論証派は論理にしたがって自

(10) 中国では古くは「宗」という呼称はなかった。したがって、三論学派とでも呼ぶのが適当であるが、日本の呼称を用いて便宜的に「宗」と呼ぶ。以下のほかの宗についても同じ。

(11) 帰謬論証派は仏護（Buddhapālita）や月称（Candrakīrti）を代表とする。

(12) 自立論証派は清弁《しょうべん》（Bhāviveka）を代表とする。

らの立場を論証することが可能だと考えた。

中観派が「空」を主張するのに対して、それでは迷いと悟りの原理を十分に分析できないとして、唯識派が形成された。唯識派は瑜伽行《ゆがぎょう》派とも呼ばれ、瑜伽（ヨーガ）の行を実践する中から理論的に形成されてきた。この派では、外界の対象を、心によって形成されたものと考える唯心論の立場を取り、その心を分析して、いわゆる八識説《はっしきせつ》を立てる。八識の根底にあるもっとも根源的な識が、無意識のうちにはたらくアーラヤ識（阿《あ》頼耶《らや》識）である。唯識派は、四世紀頃に確立するが、その初期の代表者がマイトレーヤ（弥勒《みろく》）で、彼は未来に仏として出現する、いわゆる弥勒菩薩と同一視される。

マイトレーヤの教えを受けたとされるのがアサンガ（無著《むじゃく》）で、『摂《しょう》大乗論』などを著わし、唯識説を確立し、さらにその弟ヴァスバンドゥ（世親《せしん》）によって識の理論が確立された。ヴァスバンドゥの著作『唯識三十頌《ゆいしきさんじゅうじゅ》』は、それに付けられた注釈『成唯識《じょうゆいしき》論《ろん》』とともに、東アジアの法相《ほっそう》宗の拠りどころとされる。唯識派にはその後、六世紀にディグナーガ（陳那《じんな》）が現われ、高度な認識論的な議論へと展開する。ディグナーガはまた、仏教における論理学[13]（因明《いんみょう》）の確立者としても知られる。

唯識派と関連が深い思想が如来蔵《にょらいぞう》思想で、一派を形成することはなかったが、特に仏《ぶっ》性説《しょうせつ》として東アジアに広く浸透した。如来蔵（仏性）というのは、仏となる素因が我々の中に存在しているというもので、東アジアへは、特に如来蔵と唯識説が合体した『大乗起信論《だいじょうきしんろん》』が大きな影響を与えた。

（13）仏教論理学は、ディグナーガの後、ダルマキールティによって大成された。東アジアでは、ディグナーガの弟子と伝えるシャンカラスヴァーミンの『因明入正理論《いんみょうにっしょうりろん》』（玄奘訳）が研究された。

インドでの滅亡とチベットへの伝来

七世紀以後のインドの仏教は次第に衰退の方向へ向かうが、その中で顕著なことは、中観派や唯識派が論理学や認識論などの精密な理論を展開したこと、密教が形成され、発展したことが挙げられる。密教のうち、東アジアへ伝わり、大きな影響を与えた『大《だい》日《にち》経』などは、比較的初期のもので、タントラ(14)と呼ばれる聖典において発展する後期の密教は、十分には伝わらなかった。こうした後期のインド仏教の動向は、主としてチベットに伝えられ、そこで展開した。インドの仏教は、一二〇三年にヴィクラマシーラ寺がイスラム教徒によって破壊されてほぼ全滅し、現代に至ってアンベードカルらによって復興されるまで、インドには仏教は存在しなかった。

チベットの仏教について簡単に触れておくと、チベットへは七世紀にはじめて仏教がもたらされたが、八世紀にティソン・デツェン王が、インドの大学者シャーンタラクシタを招いてから本格化した。シャーンタラクシタの弟子カマラシーラは、ラサにおいて中国の禅僧摩《ま》訶《か》衍《えん》と論争してこれを屈服させ(ラサの宗論、またはサムイェーの宗論)、以後、チベットの仏教は中国系ではなく、インド系の仏教が主流となった。しかし、九世紀以後社会の混乱とともに仏教も衰退し、十一世紀にようやく復興の動きが盛んになった。特にツォンカパによって帰謬論証派系の中観派による正統説が確立し、以後この系統のゲルク派が主流となった(15)。

(14) タントラ(tantra)は、横糸を意味するスートラ(sūtra 経)に対して、縦糸を意味する。

(15) チベット仏教には、他にニンマ派、カギュー派、カダム派、サキャ派などがある。

2　中国

経典の翻訳

中国へ仏教が伝わったのは、紀元六七年頃、後漢の明帝の時のことといわれる。仏教はシルク・ロードを通って西域から伝えられ、初めの頃は主として西域からやってきた人たちの集団の中で信じられていた。初期には支婁迦讖《しるかせん》・安世高《あんせいこう》などが経典の漢訳をして、仏教の普及に努め、そうした蓄積から次第に中国の人たちも、仏教が従来の中国にない高度な思想内容を持った宗教であることを知るようになった。

ちょうど後漢末から三国時代を経て、六朝期の混乱時代に向かう頃で、人々の心は宗教的な救いを説く仏教や道教などに向かい、また、政情の不安の中で、貴族の中にも仏教に心を寄せる人士が出てきた。そうした中で、道安《どうあん》（三一二―三八五）と慧遠《えおん》（三三四―四一六）の師弟によって、教団の整備がすすめられ、はじめて仏教が中国人のものとして確立した。五世紀初めには鳩摩羅什《くまらじゅう》（クマーラジーヴァ、三四四―四一三、一説に三五〇―四〇九頃）がやってきて、多数の主要な経論を翻訳し、しかもその中国語訳が流麗であったので、その影響ははかり知れないものがあった。

南北朝も終わり頃になると、それまでの蓄積をもとに、経典の詳しい注釈や理論的な研究もなされるようになり、仏教思想の展開が急速に進んだ。南方回りで中国に来た真《しん》諦《たい》（四九九―五六九）などによって唯識説も伝えられ、地論《じろん》宗・摂論《しょうろん》宗[16]などが形成され

(16) 地論宗は菩提流支訳の『十地経論』に基づき、摂論宗は真諦訳の『摂大乗論釈』に基づく。

た。また、仏性説を説く『涅槃経』に基づいて涅槃宗も出てきた。

隋・唐時代の発展

やがて中国は隋によって統一され、それから唐に移行するが、隋代の代表的な仏教思想家として天台宗の開祖とされる智《ち》顗《ぎ》（五三八―五九七）と三論宗の吉蔵《きちぞう》（五四九―六二三）が挙げられる。智顗は師の慧《え》思《し》のもとで修行をして悟りを開いたといわれ、後には隋の煬帝《ようだい》の師として活躍した。南北朝後期の教学を実践と結び付けて批判的に発展させて、雄大な体系を樹立し、後世に大きな影響を与えた。[17] 著書（講義録）に天台三大部といわれる『摩訶《まか》止《し》観《かん》』『法華《ほっけ》玄義《げんぎ》』『法華《ほっけ》文句《もんぐ》』などがある。また、吉蔵はもともと西域出身の家系に生まれ、竜樹の『中論』『十二門論』、提婆の『百論』に基づいて、『三論《さんろん》玄義《げんぎ》』を著わし、その他、『法華《ほけ》経』などの経典の注釈を多く著わした。

なお、南北朝から唐代にかけて、仏教は強大化するとともにしばしば中国の道教や儒教と衝突し、また、政治的な弾圧を被った。[18] そのような状況下で中国の在来の儒教や道教に較べてどのような優れた点があるかを説いた著作も数多く著わされ、『弘明集《ぐみょうしゅう》』（僧《そう》祐《ゆう》編）などにまとめられた。

唐代に入ると、統一王朝による平和な社会の中で、仏教は一気にその全盛期に達する。その際、大きな衝撃を与えたのは、玄奘《げんじょう》（六〇二―六六四）による新しい経論の請来《しょうらい》と翻訳である。玄奘は危険を顧みずに西域を旅してインドに行き、[19] 主として唯識派の学問

（17）天台宗は、唐代に湛然《たんねん》、宋代に知礼《ちれい》らが現われて、新たな発展をした。

（18）北魏の太武帝（在位四二三―四五二）、北周の武帝（在位五六〇―五七八）、唐の武宗（在位八四〇―八四六）、後周の世宗（在位九五四―九五九）による弾圧を三武一宗の法難という。

（19）玄奘の旅行記『大唐西域記』は当時のインドや西域の仏教事情を知る貴重な資料である。その旅行に取材した物語が『西遊記』である。

を学び、それを中国に伝えるとともに、多数の経論を弟子たちの協力の下に翻訳した。唯識説に関してもっとも影響の大きかったのは『成唯識論《じょうゆいしきろん》』であり、これは世親の『唯識三十頌《ゆいしきさんじゅうじゅ》』に対して、護法《ごほう》（ダルマパーラ）の注釈を正統としながら、その他の説をも併せて紹介したものである。護法説は独自の解釈を多く含み、それを正統としたことによって、中国の唯識説はインドと異なるものになった。

玄奘の弟子の中で、唯識説に関してもっとも深く研鑽を積んだのが、基《き》（六三二―六八二）で、特に『成唯識論』を中心とした唯識解釈を推し進め、法相宗を開いた。唯識説は従来の中国思想にない新しい心の分析の理論をもたらした点で、大きな影響を与えたが、煩瑣な理論と宗派的な閉鎖性のために、中国ではまもなく衰え、むしろ日本で長く受け継がれることになった。

唐代に成立した仏教思想として重要なものに華厳《けごん》宗がある。華厳宗は杜順《とじゅん》に始まるといわれるが、実際には智儼《ちごん》（六〇二―六六八）から法蔵《ほうぞう》（六四三―七一二）において大成され、その後、澄観《ちょうかん》・宗密《しゅうみつ》などによって新たな展開を生んだ。華厳宗は『華厳経』に基づきながらも、唯識説なども取り入れ、独自の総合的な仏教思想を形成した。[20] 一即一切《いちそくいっさい》の融通自在の世界観を特徴とし、著作としては特に法蔵の『華厳五教章《ごきょうしょう》』が有名である。

(20) 澄観・宗密になると、禅の影響などを受けて、新たな実践性を獲得した。

浄土教と禅

唐代には、このような理論的な仏教の他に、さまざまな実践的な仏教思想が展開した。隋代に信行《しんぎょう》（五四〇—五九四）によって確立された三階《さんがい》教[21]は、唐代には度重なる弾圧で滅びるが、それに替わって浄土《じょうど》教は広く民衆の支持を受けた。初唐の善導《ぜんどう》（六一三—六八一）は、前代の曇鸞《どんらん》や道綽《どうしゃく》の流れを受け継いで、広く民衆の熱狂的な支持を受け、『観無量寿経《かんむりょうじゅきょう》』の注釈書『観無量寿経疏《しょ》』において、徹底して凡夫の念仏往生を説いた。その説は、日本で法然《ほうねん》が浄土宗を確立するのに大きな影響を与えた。また、戒律思想は道宣《どうせん》（五九六—六六七）によって、『四分律《しぶんりつ》』に基づく四分律宗が確立され、以後の東アジアの戒律はほぼすべてこの流れに従うことになった。

実践仏教としては、禅もこの時代に確立される。もともと禅というのはさまざまな瞑想の実践を指すが、東アジアに特徴的な禅宗は菩提達磨《ぼだいだるま》[22]の系統とされ、無念無想になることを重んじる。達磨から五代目とされる弘忍《こうにん》の弟子に神秀《じんしゅう》と慧能《えのう》（六三八—七一三）がおり、慧能の弟子の神会《じんね》が神秀を猛攻撃して、慧能系が優位を勝ち取った。慧能の系統を南宗《なんしゅう》といい、神秀の系統を北宗《ほくしゅう》という。北宗が段階を踏んで悟りに達する漸悟《ぜんご》を説いたのに対して、南宗は一気に悟りに至る頓悟《とんご》を説いたといわれる。その後、南宗の禅は、経典も不要として（不立文字《ふりゅうもんじ》）[23]、自給自足の集団生活をとったために、戦乱や法難の時代にも生き残り、中国仏教を代表する大きな流派となった。そのような動向に大きな影響を与えたのが黄檗希運《おうばくきうん》の弟子臨済義玄《りんざいぎげん》（?—八六六、一説に八六七）で、後に臨済

(21) 三階教は独自の末法説に基づき、無尽蔵院による金融などの社会的な活動を活発に行った。

(22) 古くは菩提達摩と書かれていたが、後には「磨」の字が使われるようになった。一三九頁注（8）参照。

(23) 後には、「教外別伝、不立文字、直指人心、見性成仏」の形で定型句とされた。七七頁参照。

宗の祖とされる。唐末には臨済宗を含めて、五つの派が並び立ち、五家《ごけ》といわれる（潙《いぎ》仰《よう》宗・臨済宗・曹洞《そうとう》宗・雲門《うんもん》宗・法眼《ほうげん》宗）。

唐代で全盛に達した仏教は、唐末から五代にかけて戦乱や弾圧のために急速に衰えるが、宋代に至って国の援助によりようやく復興の兆しをみせる。天台宗などにも新しい動きはみえるが、最大の勢力となったのは禅宗で、特に臨済宗が圧倒的に強くなり、黄《おう》竜《りょう》派と楊岐《ようぎ》派に分かれ、先の五家と併せて五家七宗《ごけしちしゅう》と呼ばれる。その後、明代以降も優れた仏教者が現われ[24]、仏教もそれなりの活動を続けるが、社会的に中心勢力からは外れてしまい、思想史的にも大きな創造力は持ち得なくなった。

朝鮮の仏教

朝鮮の仏教について触れておくと、朝鮮に仏教が伝わったのは四世紀後半で、いわゆる三国時代であったが、高句麗、百済の順で伝わり、新羅に伝わったのは五世紀になってからである。全盛期は新羅による統一がなされてからで、元暁《がんぎょう》（六一七―六八六）・義《ぎ》湘《しょう》（義相）などによって、中国とは異質の、法相宗と華厳宗を統合し、かつ実践性を帯びた学風が定着した。

十世紀以降の高麗時代には、仏教は国教の位置を占めて栄えるが、特に知訥《ちとつ》（一一五八―一二一〇）によって禅宗が確立され、後の朝鮮仏教の主流の位置を占めることになった。朝鮮の禅宗は曹渓《そうけい》宗と呼ばれるが、特に華厳の教学と結びついている点など、中

（24）明末の雲棲《うんせい》袾宏《しゅこう》・蕅益《ぐうやく》智《ち》旭《ぎょく》などが有名。

国と違った特徴がある。十四世紀末に成立した李氏朝鮮の時代には儒教が正統的な位置を占め、仏教は弾圧されて衰退した。

3　日本

伝来と展開

日本に仏教が伝わったのは欽明天皇の時代で、西暦五三八年に百済から伝わったとされる。初期の日本の仏教は全体として朝鮮半島の影響が強く、その影響はかなり後の時代まで続く。

　七世紀初め、飛鳥時代に聖徳太子が出て仏教興隆策を取るが、太子の作とされる『三《さん》経義疏《ぎょうぎしょ》』[25]は、今日、太子作であることが疑われており、その時代の思想的な面については十分にはわからない。いずれにせよ、七世紀の間にさまざまな仏教文化が急速に摂取され、教学面でも南都六宗と呼ばれるものがおおよそ形作られる。南都六宗のうち、倶《く》舎《しゃ》・成実《じょうじつ》二宗[26]は寓宗《ぐうしゅう》と呼ばれ、倶舎宗は法相宗に従属し、成実宗は三論宗に従属するものとされるので、実際に勢力を持ったのは他の四宗である。そのうち、最も古いのは三論宗で、法相宗がそれに続く。律宗は八世紀に鑑真《がんじん》が来て本格化し、華厳宗も八世紀になって本格的に受容される。

　このような奈良時代の仏教を背景に、平安時代には仏教が日本に本格的に定着する。空海《くうかい》（七七四―八三五）は後の日本の仏教者にみられない壮大な体系を打ち立て、また、

(25) 三経は『法華経』『勝鬘経』『維摩経』。

(26) 倶舎宗は『倶舎論』、成実宗は『成実論』を研究する。特に『倶舎論』は現代に至るまで仏教の基礎学として重んじられる。

最澄《さいちょう》（七六七―八二二）は、一乗思想や大乗戒の確立など、後の日本の仏教の基礎となる理論を築いた。さらに、円仁《えんにん》・円珍《えんちん》・安然《あんねん》などのいわゆる台密《たいみつ》（天台密教）の流れにおいて、後の本覚《ほんがく》思想につながる現実肯定的な思想が発展する。その後、平安中期には源信《げんしん》が出て、有名な『往生要集《おうじょうようしゅう》』を著わし、浄土教が隆盛になる。浄土教は、密教から本覚思想へつながる現実肯定主義に対して、現世・来世の二元論に立つところに特徴がある。

実践思想としての鎌倉仏教

平安末期から鎌倉期へかけては、一方であるがままの現実を肯定する、本覚思想と呼ばれる思想動向が、特に天台宗を中心に発展するが、それに満足できない仏教者たちが改革運動を起こし、活気に満ちた時代となる。この時代の改革運動は比叡山から出た法然《ほうねん》・親鸞《しんらん》・道元《どうげん》・日蓮《にちれん》たちだけでなく(27)、法相宗の貞慶《じょうけい》、華厳宗の明恵《みょうえ》・凝然《ぎょうねん》、律宗の叡尊《えいぞん》・忍性《にんしょう》など、南都の仏教においても注目される動きがみられる。しかし、原理的には平安初期の最澄の一乗思想や大乗戒、空海の即身成仏思想などが基礎となっており、鎌倉時代の仏教はその前提の上に実践思想を中心に展開しているとみることができる。

その後、中世後期には仏教は次第に宗派性を強め、それと同時にさまざまな世俗的な領域に仏教が浸透し、神道《しんとう》思想や文芸思想が仏教の影響下に形成された。また、一向一揆《いっこういっき》のような運動もみられた。しかし、織田・豊臣政権下で一向一揆を始めとする仏教の

(27) 彼らは鎌倉新仏教と呼ばれ、近代において高く評価された。それに対して、既存の諸宗内の活動は旧仏教と呼ばれて、批判的に見られた。しかし、今日ではこのような新仏教・旧仏教という図式は、そのままでは通用しなくなっている。

勢力は一掃され、近世の仏教は世俗権力の支配下に、寺《じ》檀《だん》制度(28)に支えられて民衆の中に浸透した。その間にもいろいろと改革の動きがあったが、さまざまな問題を抱えつつ、明治維新を迎え、今日なお苦悩しつつ新たな脱皮を目指しているのが、日本の仏教の現状である。

(28) 寺院と檀家の関係を制度的に固定化させたもので、檀家制度ともいう。キリシタン禁制を機に、住民がキリシタンでないことを寺院が証明する宗門改めが行われ、寺院が家単位に住民を把握する寺檀制度が確立した。

3　テキストの森

1　仏典の言語

なぜ多様化したか

過去の思想を解明するには、その手がかりとして文献を用いなければならない。その文献は外国語や、あるいは自国語でも古い言葉で書かれているので、まずその言語を理解しなければならない。すでに触れたように、仏典の言語は多岐にわたり、南伝系の仏典はパーリ語、チベット系の仏典はチベット語、東アジア系の仏典は漢文で書かれている。パーリ語はプラークリットと呼ばれるインドの俗語の一種であり、しばしば誤解されるようにブッダ自身が語った言語ではない。ブッダはマガダ語というマガダ地方の言語を用いたと考えられている。

インドの文章語はサンスクリット語（梵語《ぼんご》）(1)といい、ブッダに近い時代に現われたパーニニが文法を確定し、その後現代に至るまでその文法が用いられているという、人工

(1)　梵語を表わす文字は梵字と呼ばれ、東アジアにも伝えられ、特に密教で仏名や呪を表わすのに用いられた。これは北方系のグプタ文字から発達したシッダマートリカー文字で、悉曇《しったん》とも呼ばれる。

性の強い言語である。しかし、ブッダの時代には思想も自由であったように、言語も必ずしも固定していなかったようで、ブッダも自分の活動する地方で誰にもわかる言語を用いたと思われる。また、ブッダは弟子たちにも特定の言語を強制せず、布教する地方の言語を用いるように指示したといわれ、それが仏典の言語を多様化させたと考えられる。

実際、インドに残っている仏典は、パーリ語以外の言語を用いたものも少なくない。大乗仏典は基本的にサンスクリット語で書かれている。ただ、大乗でも論書になると正確なサンスクリット語で書かれているが、経典の場合、必ずしも正確なサンスクリット語ではなく、かなり文法的に崩れて、プラークリットに近い形を示している。それゆえ、それを仏教サンスクリット語[2]という。また、ガンダーラ語というインド北西部から中央アジアで用いられた言語の仏典もあり、最近の研究では、初期の漢訳仏典はインド中央の言語ではなく、主としてガンダーラ語で書かれたものを翻訳したのであろうと考えられている。

(2) 詳しくは仏教混淆サンスクリット語 (Buddhist Hybrid Sanskrit)。

2　仏典の成立

三蔵成立の経緯

次に、仏典の成立とその伝承について考えてみたい。仏典は基本的にブッダの語った言葉を伝えていると長い間信じられてきたが、それほど単純ではない。大乗仏典の場合、成立が遅れ、歴史上のブッダの言葉と認めがたいことはすでに広く知られているが、いわゆる原始仏典といわれるものにしても、必ずしもブッダの言葉を忠実に伝えているとは限らない。

そもそも、ブッダの在世時には、折りに触れてブッダが語った言葉をそれぞれの修行者が心に留めて修行に励んだのであり、まとまった仏典は必要なかった。仏典の編纂の必要が生じたのはブッダが亡くなった後のことで、長老のマハーカッサパ（大迦葉《だいかしょう》）が五百人の悟りを開いた仏弟子（阿羅漢《あらかん》）(3)を集めて、マガダ国の首都ラージャグリハ（王《おう》舎城《しゃじょう》）で仏典編纂の会議を開いたという。このような仏典編纂会議を結集《けつじゅう》と呼び、この時の結集を第一結集、あるいは王舎城の結集と呼ぶ。このとき、もっとも戒律に詳しいウパーリ（優婆離《うぱり》）が律を、ブッダにもっとも近く仕えていたアーナンダ（阿難《あなん》）が経を暗唱し、それを皆で暗記したという。

このような伝承がそのまま事実であったとは考えられないが、だからといってまったく後世の創作というわけでもなく、恐らく実際にこのような編集会議を繰り返して経典が成立したものと考えられる。第一結集の後、百年ほどしたとき、教団内で異説が生じ、それを正すために第二結集(4)が開かれたといい、また、南伝系の伝承では第三結集についても伝えている。

この経・律に論（経の注釈や理論的な著作）を加えて三蔵《さんぞう》（ティ・ピタカ）(5)と呼び、部派の分裂によって、主要な部派ではそれぞれ自分たち独自の三蔵を所有した。現存する

（3）仏弟子は声聞《しょうもん》（śrāvaka）と呼ばれるが、その中でも煩悩を断ち、悟りを開いたものを阿羅漢（arhan）と呼ぶ。仏の称号にも用いられたが、後には弟子たちに限定された。大迦葉らは十大弟子と呼ばれる。

（4）第二回結集は戒律に関して異説が出たために行われたといわれ、それによって上座部と大衆部の根本分裂が起こったとされる。

（5）蔵（piṭaka）は、籠、容器の意。それぞれ、経蔵（Sutta-piṭaka）、律蔵（Vinaya-piṭaka）、論蔵（Abhidhamma-piṭaka）と呼ばれる。

もので、三蔵がすべて揃っているのは上座部のパーリ語のものだけである。パーリ語の三蔵では、経蔵《きょうぞう》は長部・中部・相応部・増支部・小部の五つの部門（ニカーヤ）からなっている。このうち、小部は雑多なものを集めているが、『スッタ・ニパータ』（経集）、『ダンマ・パダ』[6]（法句《ほっく》経）、『ジャータカ』（本生話《ほんじょうわ》）のように、成立も古く、重要なものがこの中に収められている。

漢訳では、ニカーヤに対応するものは阿含《あごん》経典[7]と呼ばれる。阿含経典は『長《じょう》阿含経』『中阿含経』『雑《ぞう》阿含経』『増一《ぞういっ》阿含経』の四つがあり、四阿含《しあごん》経と呼ばれるが、実はもともと一体のものではなく、所属する部派が異なるものを寄せ集めたにすぎない。また、パーリ語の小部に相当するものはまとまった形ではない。律蔵に関していえば、六つの部派の律蔵が伝えられているが[8]、その中で後世もっとも広く用いられるようになったのは法蔵部という部派の『四分律《しぶんりつ》』である。

大乗経典の系統

次に大乗仏典についてみると、大乗仏典には原始仏典のように三蔵がきちんと揃っておらず、特に律蔵は不備である。大乗経典は、紀元前後頃起こった大乗仏教の運動の中で編纂されたものであるが、その具体的な編纂の状況ははっきりしない。最近の説では、大乗仏教の運動は一つにまとまった統一的な運動ではなく、個々のグループがそれぞれ別のところでばらばらに活動し、それぞれ自分たちの信念を経典という形で表明したも

(6)『スッタ・ニパータ』と『ダンマ・パダ』は、それぞれ『ブッダのことば』『ブッダの真理のことば・感興のことば』として、翻訳が岩波文庫に収められている。

(7) 阿含は āgama の音写。伝承された聖典の意。

(8) パーリ語のもの（上座部）、チベット語のもの（根本説一切有部）各一種に、漢訳には、『四分律』（法蔵部）、『五分律』（化地部）、『十誦律』（説一切有部）、『摩訶僧祇律』（大衆部）、『根本説一切有部律』の五種がある。『根本説一切有部律』はチベット訳と同じもの。

のと考えられている。

大乗経典もまた、その多くはブッダの説という体裁をとっているが、最初の頃、大乗経典は原始経典とそれほど異質でない単純なもので、それゆえ、それをブッダが説いた経典の中に入れても、おかしくはなかったと思われる。ところが、次第にエスカレートして、部派の経典を奉じる人たちを非難するような主張を持った経典が作られるようになり、その段階でいよいよ大乗仏教の自覚が生じてきたものと思われる。

こうして確立してきた主要な大乗経典にはいくつかの系統があるが、特に東アジアと関連して重要なものには、般若《はんにゃ》経典・『法華《ほけ》経』・『華厳《けごん》経』・浄土経典などがある。これらの経典はいずれも複雑な構成を持ち、成立に当たっても段階を経ているのではないかと考えられる。また、多くは同類の経典が集まって経典群をなしており、同一グループで伝えられている間に、さまざまな発展を経たものと推定されている。以上のような経典は大乗経典の中でも早い時期に成立したもので、初期大乗経典と呼ばれる。

それに対して、唯識説を説いた『解《げ》深密《じんみつ》経』、如来蔵《にょらいぞう》説を説いた『如来蔵経』や『涅《ね》槃《はん》経』などの経典は成立が遅れ、中期大乗経典と呼ばれる。

その後、密教が盛んになると密教を説いた経典が数多く作成される。これらは後期大乗経典と呼ばれ、東アジアへ伝えられたものでは、『大日《だいにち》経』『金剛頂《こんごうちょう》経』などが有名である。密教経典はその後さらに発展し、タントラという聖典類[9]を生み出すが、これらのタントラは大部分、東アジアへは伝えられず、チベットで重視された。

(9)『秘密集会タントラ』を中心とする父タントラ、『ヘーヴァジュラ・タントラ』『サンヴァラ・タントラ』を中心とする母タントラ、『時輪タントラ』を中心とする不二タントラの三種類に分ける。

以上のような大乗経典の成立からして知られるように、原始仏典が四阿含とか五部のニカーヤにまとめられるのに対して、大乗経典はインドにおいて全体としてまとめられることがなく、それらが整理されるのは中国やチベットにおいてのことであった。

3　訳経

漢訳の三つの時期

以上のような原始仏典や大乗仏典が、東南アジア、東アジア、チベットなどの各地域に伝えられ、それぞれの地域の仏教の基になった。そのうち、南伝系の仏教に関しては、三蔵がセットになっており、またパーリ語のものがそのまま使われるので、その点あまり問題がないが、東アジア系やチベット系の場合、まず自分たちの言語に翻訳しなければならず、さらに未整理の大乗仏典が多数加わるので、整理し直す必要があった。これは膨大なエネルギーを要する大事業である。いま、この問題を中国の場合を中心にみてみよう。

まず、翻訳の問題である。仏典の漢訳は通常三つの時期に分けられる。

①古訳時代——四世紀末まで。代表的な翻訳者として、支婁迦讖《しるかせん》・安世高《あんせいこう》・支謙《しけん》・竺法《じくほう》護《ご》などがいる。いまだ必ずしも体系的ではなく、分量的にもそれほど多くない。訳語がこなれず、読みにくいものが多い。

②旧訳《くやく》時代——五世紀始めから。特に鳩摩羅什《くまらじゅう》は『法華経』『阿弥陀経』『維摩《ゆいま》経』『大《だい》

智度論《ちどろん》』など多数の経論の翻訳を体系的に行ったが、いずれも名文として名高く、後世まで広く愛好された。また、羅什は「空《くう》」の思想(10)を中心に仏教思想を体系的に紹介し、それによって中国人の仏教理解は飛躍的に高まった。羅什と同時期には『華厳経』を翻訳した仏駄跋陀羅《ぶつだばだら》、『涅槃経』を翻訳した曇無讖《どんむせん》、『四分律《しぶんりつ》』などを翻訳した竺仏念《じくぶつねん》などが現われ、主要な経律論が揃った。旧訳時代後期には六世紀の真諦《しんたい》(11)が注目される。彼は唯識説や如来蔵説を説いた経論を翻訳し、仏教哲学の進展に貢献した。

③新訳時代――七世紀に玄奘《げんじょう》はインドに行って自ら唯識説を中心に学ぶとともに、多数の経論を持って帰国し、門下を動員して、『大般若経』六百巻、『瑜伽師地論《ゆがしじろん》』百巻など、膨大な量の翻訳を行った(12)。従来に較べて非常に精密な理論を紹介するとともに、翻訳のスタイルも文章の美しさを犠牲にして逐語訳の方針を採り、正確な翻訳を心がけた。玄奘以後、『大日経』（善無畏《ぜんむい》）、『金剛頂経《こんごうちょうきょう》』（不空《ふくう》）などの密教経典の翻訳がなされ、さらに宋代まで訳経は続けられるが、従来のようなエネルギーを失い、次第に消滅することになった。

漢訳仏典の特徴

そこで、漢訳仏典の特徴をみてみよう。まずいえるのは、インド系統の言語と中国語とでは言語構造が大きく相違しており、翻訳が非常に難しいという事情がある。古典中国語（漢文）の特徴は孤立語と呼ばれ、もともと一音節を一つの文字で表わし、それが

(10) 空の思想は、鳩摩羅什の弟子の僧肇《そうじょう》によって展開された。

(11) 真諦訳『摂大乗論釈』に基づいて摂論宗が生まれた。『大乗起信論』も真諦訳として伝えられるが、実際には中国で撰述されたものではないかといわれる。

(12) 玄奘の訳書としては、『阿毘達磨倶舎論』『成唯識論』などの理論書が、後代まで読まれた。

一つの意味を表わす。そして、それらの文字の位置関係によって文が成り立つ。したがって、語尾変化によって語の相互関係を表わすインド＝ヨーロッパ語系統とは構造が大きく異なり、単純に逐語訳しにくい。そのために、逐語訳を心がけた玄奘の訳は漢文としては破格の読みにくい訳となり、必ずしも広く普及しなかった。

　次に、中国はインドと並んで古い文化を誇り、儒学や老荘など、古代に高度な思想を持っている。中国の文化が最高だという中華思想が強くあり、そこに新しい外来の思想文化を定着させるのは容易でない。また、どのような単語を選んでも、多くは何らかの伝統的な背景を持ち、それによって付きまとうニュアンスから逃れることができない。

　そこで、一つには中国人に理解しやすいように、積極的に中国の古典の用語を用いていくという方法がとられた。例えば、『老子』などで最高の形而上学的な原理を意味する「道[13]」という語を、仏教では最高の悟りの意味で用いている。初期の訳経ではこの方法が多く取られ、それゆえ、中国の古典思想をバックにして仏教を理解するという解釈法が発展した。このような仏教の理解の仕方を格義《かくぎ》と呼ぶが、この方向が極端になると、仏教の独自性が見失われ、誤解が生ずるようになった。そこで、格義は四世紀後半に道安によって厳しく批判され、その後、鳩摩羅什の訳経によってその方向は一変させられた。

　それでは、中国の伝統思想に解消してしまわない仏教の独自性は、翻訳においてどのように確保されるだろうか。一つは音写語といって、インドの言葉の発音をそのまま漢

(13)「道」は、bodhi（菩提、悟り）の訳語として用いられる。しかし、修行の道程を意味する場合もある（例えば、四諦の道諦）。

字に移すという方法が取られた。菩薩・仏・阿弥陀・魔・塔など[14]がその類である。第二に、意味を取った訳語でも、従来の漢文には見えない新語が用いられた。例えば、因果・世界・過去・現在・未来など、いずれも今日でも用いられる語彙であるが、もとは仏典の翻訳に由来する語である。ちなみに、仏典が漢訳された後漢から六朝期は漢文そのものの過渡期で、古典漢文に較べて口語的な要素を多く持つようになるが、漢訳仏典もこのような言語の特徴が顕著で、独特の文体を生み出した。それを仏教漢文という呼び方もされている。

チベットと日本の場合

なお、チベットでは八世紀後半頃から次々と仏典がチベット語に翻訳されるようになったが、訳語の混乱などがあったため、ティデ・ソンツェン王のとき、王の命令で訳語の統一が図られ、イェシェーデらによって『翻訳名義大集《みょうぎたいしゅう》』が編纂された（八一四年。ただし、異説あり）。これはサンスクリット語とチベット語を対応させた辞典で、以後の翻訳はこの書によって確定された訳語が用いられた。

　チベット語の仏典は、このように訳語が厳密に定められ、それに従って翻訳されているところに特徴がある。そのために、チベット語訳の仏典は概して逐語訳に近く、サンスクリット語の原典が失われた仏典について、チベット語訳からサンスクリット語に還元する作業もしばしばなされている。チベット語はインドの言語と全く構造が違うが、

（14）菩薩・仏・阿弥陀・魔・塔は、それぞれ **bodhisattva, Buddha, Amitābha**（**Amitāyus**）, **māra, stūpa** の音写語。特に「魔」はもともとなかった文字を、新しく作ったといわれる。

文字文化の形成が遅れ、インドの言語に学んで文字や文法を制定した経緯があり、それだけにインドの文献からの直訳が重んじられたのである。

最後に日本の場合について触れておくと、日本では原則として漢文の仏典が用いられた。しかし、漢文をそのまま中国語として読むのではなく、訓読という独自の読み方を発明した。これは漢文に古くはヲコト点という記号、後にはいわゆる返点《かえりてん》・送り仮名を付けて日本語の文脈に直して読むという方法である。これは外国語の文面をそのまま保持しながら、しかも日本語として読むという、二つの言語を重ねる特殊な方法で、極めて独創的といえる。しかし、そのために漢文を外国語としてみる意識が薄れ、漢文の仏典を非常にルーズな形で扱う態度に陥った面のあることを反省しなければならない。

4　仏典の整理

整理と体系化

南伝系では三蔵が揃っており、整理もされているので、比較的問題が少ないが、東アジア系やチベット系では必ずしも順序立てて翻訳されたわけではないので、翻訳されたものをどう整理するかが次の課題となった。まず、いろいろな人が翻訳したものを収集し、その目録を作って整理する作業がなされ、次に、こうして体系化されたものを多くの人が利用できるように、写本を作ったり、後には出版する作業がある。今日我々は、漢文の大蔵経《だいぞうきょう》として通常『大正新脩大蔵経《たいしょうしんしゅうだいぞうきょう》』[15]という叢書（全百巻）を用いるが、これ

(15) 高楠順次郎・渡辺海旭の編集で、本編八五巻、図像部一二巻、昭和法宝目録三巻からなる。

ができあがるまでには、長い歴史と人々の努力が積み重ねられてきた。

中国で、漢訳された経典を整理する作業は、これも四世紀後半に道安《どうあん》が初めて手をつけ、目録を編集したというが、それは現存しない。現存するもっとも古い目録は僧祐《そうゆう》（四四五―五一八）の『出三蔵記集《しゅっさんぞうきしゅう》』で、これは道安の目録をもとにして、当時目に入った経論を訳者別に整理したものに、訳者の伝記や経典の序文などを収めた優れた資料集で、非常に信頼度が高い。その後も、何度も目録が編集し直され、最終的には主要な経典の翻訳がほぼ終わった八世紀になって、智昇《ちしょう》が中心になって編集した『開元釈《かいげんしゃっ》教録《きょうろく》』（七三〇）によって集大成された。ここには総計一〇七六部五〇四八巻の経論が記載されており、以後、多少の増補はあるものの、基本的にはこの記載が中心になって大蔵経が編纂された。

大蔵経の編纂

大蔵経というのは一切の経論を集めたもので、一切経《いっさいきょう》ともいうが、もともと国家事業として始められたため、その採録の基準も厳しく、中国人の書いたものは、特殊な例外を除いて収録されなかった。最初の頃は、大蔵経は書写で伝えられた[16]。我が国には天平七年（七三五）に玄昉《げんぼう》が唐からもたらしたといわれ、それがもとになって有名な天平写経[17]が行われた。

その後、宋代になって木版の印刷技術が発展し、印刷された大蔵経が普及するように

(16) 中国で書写された大蔵経はまとまった形では残存しないが、敦煌から多数の仏教文献が発見され、貴重な資料となっている。

(17) 七四〇年に光明皇后の発願で書写された五月一日経が有名。

なった。その中でも、朝鮮で高麗時代に刊行された高麗大蔵経(18)の評価が高く、『大正新脩大蔵経』などの底本とされた。日本でも何回か試みられたが、特に黄檗《おうばく》宗の鉄眼道光《てつげんどうこう》（一六三〇―一六八二）の努力によって実現した黄檗版（鉄眼版(19)）が有名である。こうした歴史を踏まえ、明治になると活字の大蔵経が刊行されるようになり、世紀の大事業として『大正新脩大蔵経』が編集出版されたのである。

チベットでも、時代はやや遅れるが、ほぼ漢経典と同じ経緯をたどって、目録の作成から大蔵経の編纂に進んだ。目録としては、八二四年頃（異説あり）に『デンカルマ目録』が編纂され、後には、プトゥンによって『プトゥン目録』（一三二二）が編纂された。この頃からチベットの大蔵経の編纂も進められ、十五世紀以後には印刷刊行されるようになった。チベットの大蔵経はカンギュルとテンギュルに分かれ、カンギュルは仏の説いた経典、テンギュルは後の論書を集めるという構成になっている。

(18) 高麗大蔵経は最初十世紀に完成されたが、一二三二年にモンゴルの侵攻によって焼かれ、再度雕造《ちょうぞう》されたものが一二五一年に完成された。その版木は、現在も海印寺に蔵されている。

(19) 鉄眼版は一六八一年完成。明の万暦版に基づく。その版木は、万福寺（京都府宇治市）に現存。

4　解釈のパラダイム

1　教相判釈

矛盾をどう解消するか

中国やチベットへは、仏典はさまざまな種類のものが順不同で翻訳紹介されたので、それらをどう理解してゆくかという問題が新たに生じた。目録や大蔵経の作成はいわば図書館学的な分類整理であるが、今度はもっと内容に立ち入っての検討が必要になってくる。経典の中には互いに矛盾する記述があったり、一方が他方を批判するような箇所も少なくない。経典が順次に成立したもので、特に大乗経典が遅れて成立したことを考えると当然のことではあるが、経典はすべてブッダが説いたものと考えていた時代にあっては、ブッダが全く相矛盾したことを説いたことになり、その矛盾をどう解消するかが大きな問題となった。そして、その作業を通じて、経典解釈が飛躍的に深められることになった。

経典をその内容上から整理し、体系化する作業は教相判釈《きょうそうはんじゃく》といい、略して教判《きょうはん》と呼ぶ。中国ではふつう判教と呼ばれる。インドにもその例がなかったわけではない。例えば、法相宗では三時《さんじ》の教判を立てるが、そのもとは『解《げ》深密《じんみつ》教』の説をよりどころにしている。

第一時――最初、ブッダは「有《う》」の教えを説いたという。阿含《あごん》経典やアビダルマの教学に当たる。

第二時――次に「空《くう》」の教えを説いたという。般若経典や中観《ちゅうがん》派に相当する。

第三時――最後に「中道」(1)の教えを説いたという。『解深密経』や唯識派に相当する。

第一、二時は未了義《みりょうぎ》(真理が完全に解明されていない教え)であり、第三時に至ってはじめて了義(真理が完全に解明された教え)とされる。この三時説は、思想の歴史的展開を、ブッダの生涯の中で経典を説いた順序として解釈したものであり、最後に出現した自分たちの思想をもっとも高度のものと主張するのである。

天台智顗の教判

教判がもっとも大規模に展開するのは中国においてである。それは、もともと中国には無秩序にさまざまな経典が翻訳されていたために、その混乱を乗り越える必要がより切実に感じられたためである。教判は特に六朝時代の後期に大きく発展して、さまざまな説が現われたが、それらを批判しながら集大成したのが、天台宗の開祖とされる智顗《ちぎ》である。智顗の教判は五時《ごじ》八教《はっきょう》と呼ばれ(2)、教判のもっとも代表的なものとされるので、

(1)「中道」は「有」と「空」を統合するものと解される。

(2) 厳密に言えば、五時八教は天台六祖の湛然が智顗の説を整理しなおしたもの。

以下にみてみよう。

まず、五時説は先の『解深密経』の三時説と同様に、歴史的に展開してきた経典をブッダの一生の中に縮め、ブッダの説いた順序として解釈するものである。

第一時――華厳時《けごんじ》。ブッダは悟りを開いた最初に『華厳経』を説いたとされる。それは悟りの境地を直截に述べたもので、いきなり真理を説いたということで頓教《とんぎょう》と呼ばれる。したがってそれは凡夫には理解できず、ブッダと同じ境地に達してはじめて理解できるとされる。

第二時――鹿苑時《ろくおんじ》。真理を直接説いても凡夫には解らないので、できるだけ常識的なところから説いていき、次第に高度な真理に導いてゆくという方法が採られる。これが第二時から第五時に当たる。このように、ブッダが相手の能力を見ながら、それに適した教えを説いていくことを方便《ほうべん》と呼ぶ。また、第二―四時は順を追って説いてゆくということで、漸教《ぜんきょう》と呼ぶ。第二時は鹿苑時というが、鹿苑というのはブッダが初めて説法を行った鹿野苑《ろくやおん》(3)のことで、その内容は具体的には阿含経典を指す。

第三時――方等時《ほうどうじ》。方等経というのは、大部分の大乗経典のことで、阿含経典の次に大乗経典を説いたというのは、歴史的な順序としても納得がゆく。主として『維摩経』などが考えられ、小乗を正面から批判して大乗の優越性を説くとされる。

（3）鹿野苑は、パーリ Migadāya, サンスクリット Mṛgadāva. ベナレス郊外で、現在のサルナート。

第四時――般若時《はんにゃじ》。「空」を説く般若経典。方等時で大乗の立場から小乗を徹底的に批判したが、より高度の「空」の立場から大乗・小乗の区別も超えられなければならない。その課題を果たすのが般若経典である。

第五時――法華《ほっけ》・涅槃時《ねはんじ》。ブッダが生涯の最後に説いたのが『法華経』と『涅槃経』であるとされる。それまでのブッダの説法はすべて方便であり、『法華経』こそ真実の教えを説いたものだといわれる。すなわち、『法華経』の究極の立場に到達してはじめて、それまでの大乗と小乗とが、最高の大乗の立場によって総合されるというのであり、頓教・漸教を超える。『涅槃経』は『法華経』を補う位置づけを与えられた。

このように、五時は仏教のさまざまの矛盾する経典を歴史的な展開としてみるのではなく、ブッダの一生の中で配置して解釈するのである。五時八教の八教の方は、化儀四《けぎし》教《きょう》と化法《けほう》四教に分かれる[4]。化儀四教はブッダが教えを説く方法という形式的な面から四つに分けたもので、先に触れた頓教・漸教に、秘密教と不定教を併せたものである[5]。化法四教は教えの内容から四つに分けたもので、三蔵教・通教《つうぎょう》・別教《べっきょう》・円教《えんぎょう》の四つである。三蔵教は小乗の教え、通教は小乗と大乗に共通する教え、別教は純粋に大乗のみを説いた教え、円教はすべてを統一する最高の教えである。因みに、円教は『法華経』で代表されるが、「円」は東アジアの仏教ではしばしば完全無欠という意味で、最高の評価を与えられる。

(4) 五時と八教の関係は以下の通り。

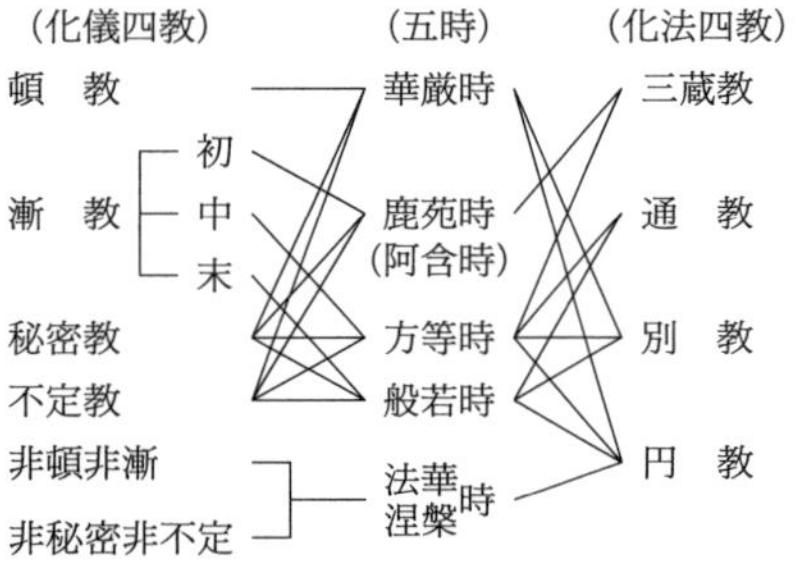

(5) 秘密教は、一部の人にだけわかるように説いた教え、不定教は、同じ教えが人ごとに違う理解をされるように説いた教え。

華厳宗と禅の場合

教判は、自分の立場がブッダの教えの中でも最高に位置することを示そうという目的を持っているから、諸宗の理論の中でも極めて重視される。例えば、華厳宗では、法蔵《ほうぞう》が提示した五教十宗の教判が有名である。五教は小乗教・大乗始教・大乗終教・頓教[6]・円教の五つで、これは必ずしもブッダの説法の順というわけではなく、教えの優劣の点から並べたものである。ここでも円教が最高に位置づけられるが、その中には『華厳経』や『法華経』が位置づけられ、かつまた『華厳経』の方が『法華経』よりも上位に置かれる。

特異なものとして禅宗の教判がある。禅宗は南宗《なんしゅう》禅と北宗《ほくしゅう》禅に分かれるが、南宗禅の立場が強くなり、南宗は頓悟《とんご》を主張し、北宗の漸悟《ぜんご》を批判する。[7]これも一種の教判である。頓と漸というのも重要な解釈学上の術語で、「円」と「頓」を並べて、円頓《えんどん》という言い方もしばしばなされる。また、禅宗の立場からは、禅家《ぜんけ》・教家《きょうけ》という区別もなされ、経典による立場は教家として、禅家より低く位置づけられる。実践的立場からの教判は浄土教などにもみられ、日本の仏教にも受け継がれる。

(6) 大乗始教は、小乗の人は成仏しないと説く教え、大乗終教はすべてのものが成仏すると説く如来蔵系の教え、頓教は修行を経ずに一気に悟る教え。

(7) 漸悟は段階を追って修行して悟りにいたる悟り方、頓悟はそのような段階を経ずに一気に悟りを開く悟り方。

2　総合か選択か

空海の総合性

日本において総合的な教判論を打ち立てた代表的な人として、空海《くうかい》が挙げられる。空海はその主著『秘《ひ》密《みつ》曼荼羅《まんだら》十住心論《じゅうじゅうしんろん》』（『十住心論』）において十住心の体系(8)を打ち立てたが、これは以下のようなものである。

①異生羝羊《いしょうていよう》心——羊のように欲望に満ちた凡夫の心の状態。道徳以前の立場。
②愚《ぐ》童持《どうじ》斎《さい》心——愚かな子供のようにひたすら道徳を守る状態。儒教など。
③嬰童無《ようどうむ》畏《い》心——子供のような自由な境地。人界を超えて天に生まれる。
④唯蘊無《ゆいうんむ》我《が》心——我々の存在を構成要素に分解してその無我であることを説く。小乗の立場。
⑤抜業因種《ばつごういんしゅ》心——縁起の理に従って、悪業を捨て、善因を修める。やはり小乗。
⑥他縁大乗《たえんだいじょう》心——他の衆生の救済を志す大乗の立場。法相宗。
⑦覚心不生《かくしんふしょう》心——悟った心は不生不滅と説く。三論宗。
⑧一道無《いちどうむ》為《い》心——唯一真実の無為の道を説く。天台宗。
⑨極無《ごくむ》自性《じしょう》心——本性を持たない心のあり方の最高の境地。華厳宗。
⑩秘密 荘厳《しょうごん》心——密教の奥深い真理に達した境地。真言宗。

このように、ここでは仏の説いた順ではなく、思想的に浅いものから次第に深まると

（8）十住心の体系は『大日経』住心品に基づいて作られた。

いう構成になっている。それはブッダの説いた教えの浅深というだけでなく、我々の心が次第次第に高められ、深められてゆく過程を表明したものでもある。十住心の体系がヘーゲルの『精神現象学』の体系と較べられるのも、このためである。それのみならず、特に第六住心（他縁大乗心）以後は、当時の日本の諸宗に対応づけられ、それはそのまま空海による諸宗の価値評価を示している点でも注目される。最後に真言宗、すなわち密教がくるのは当然であるが、第九住心までは密教に対して顕教《けんぎょう》と呼ばれ、その点からすると十住心は、第九住心までの顕教と第十住心の密教が対比される形になる(9)。これを九顕一密という。他方、密教がすべてを包摂するという立場からすると、第九住心までもその根底には密教があると考えられる。このような見方を九顕十密という。このように、十住心の体系はさまざまな局面を重層的に含んでいる雄大な体系である。

最澄の二者択一

空海と同時代に出た最澄《さいちょう》の場合、明確な教判論はないが、一乗対三乗の論争や大乗戒をめぐる論争は、それに近いものを持っている。これらの論争において、最澄は空海のような総合的な教判ではなく、むしろ二者択一的な選択を迫っている。例えば、最澄は従来の戒律が小乗戒を用いており、大乗戒でないことを批判し、大乗戒を主張する。確かに東アジアで多く用いられる戒は『四分律《しぶんりつ》』(10)によるもので、部派のものであるが、通常はそれを大乗の精神で用いればよいというふうに、融合的に解釈する。ところが、最

(9) 空海は比較的初期の『弁《べん》顕密二教論《けんみつにきょうろん》』において顕教と密教を対比し、後者の優位を主張した。これも密教の立場からの基本的な教判であり、顕密の対比は後にも広く用いられた。

(10)『四分律』は法蔵部の律である。本書二四、三二頁参照。それに対して、最澄は『梵網経』に説く大乗戒を採用した。一二九頁参照。

澄はそのような融合性を批判し、大乗と小乗は峻別しなければならず、したがって、大乗の人は大乗戒でなければならないと主張する。すなわち、空海の総合性に対して、最澄は大乗と小乗を対立させる二者択一的な選択を強調することになる。このような立場は、後に鎌倉時代に比叡山から出たいわゆる新仏教の思想家たちに共通する態度であり、最澄はその先蹤《せんしょう》をなすものということができる。

そこで鎌倉時代の仏教をみると、この時代にも総合性を志す人がなかったわけではない。例えば、凝然《ぎょうねん》は八宗兼学といわれ、諸宗の教学すべてに通じた大学者で、『八宗綱《はっしゅうこう》要《よう》』(11)にもそのような態度がうかがわれる。しかし、比叡山から出た新しい仏教諸宗の祖師といわれる人たちは、むしろ最澄の態度を受けて、二者択一の選択的な方向を取る。その典型として、ここでは法然《ほうねん》の場合を考えてみよう。

専修という方向

法然は主著『選択本願《せんちゃくほんがん》念仏集』において、独自の教判を示している。この書は全部で十六章よりなるが、その第一章で、法然は中国の浄土教の思想家道綽《どうしゃく》の聖道門《しょうどうもん》と浄土門という分け方を用いて教判とする。聖道門というのは、この娑婆《しゃば》世界で自力で修行して悟りを開くことを目指す立場で、これに対して浄土門というのは、自力による悟りを自らの能力の及ばないものとしてあきらめ、阿弥陀仏の力で極楽浄土に往生することを求めようという立場である。法然はまた、曇鸞《どんらん》に従って、聖道門を難行道《なんぎょうどう》、浄土門を易《い》

(11) 凝然は『八宗綱要』において、倶舎・成実・律・法相・三論・天台・華厳・真言の順に扱っているが、後のものほど程度の高いものと見られており、一種の教判を含んでいる。

行道《ぎょうどう》ともいっている。そして、聖道門を捨てて浄土門に入ることを勧めている。次に第二章では、やはり中国の浄土教の思想家である善導《ぜんどう》の説に従って、浄土門の中に正行《しょうぎょう》と雑行《ぞうぎょう》を分ける。正行は称名念仏《しょうみょうねんぶつ》など五種類あるが(12)、その中でも称名念仏（阿弥陀仏の名を口に唱えること）を正定業《しょうじょうごう》、その他を助業《じょごう》と位置づける。この場合も雑行を抛《なげす》てて正行を取り、正行の中でも助業を傍らに置いて正定業を専らにすることを勧める。

このように、法然の方法(13)は、まず浄土門と聖道門を対比させて浄土門を取り、次に浄土門の中で正行と雑行を対比させて正行を取り、第三に正行の中で正定業と助業を対比させて正定業をとるという具合に進んでいき、最後に称名念仏一つに行き着く。すなわち、総合的にすべてを統合するのではなく、二者択一的に一方を選んでいって、最後に唯一の真実に到達するという手順を踏んでいく。法然の念仏が専修《せんじゅ》念仏といわれるのはこのためである。

日蓮《にちれん》はこのような法然の方法を厳しく批判しているが、その日蓮にしても『法華経』を唯一とする点では極めて類似しており、『法華経』以外をとる人に対して、ほとんど寛容性を持たないといってよいくらい厳しく非難している。日蓮の教判は五綱《ごこう》あるいは五義といい、教（教えの優劣）・機（人々の能力）・時（時代）・国（国土）・序（教えを説く順序）の五つの観点からどの教えを取るべきかを考察するが、結局、もっとも優れた教えで、かつ末法の劣った人々を救うことができるのは『法華経』しかないという結論に至る。

(12) 読誦《どくじゅ》・観察《かんざつ》・礼拝《らいはい》・称名・讃歎《さんだん》供養を五種正行という。

(13) 法然の教判を図示すると以下の通り。

親鸞《しんらん》や道元《どうげん》についてはここでは立ち入らないが、親鸞の場合、法然を受ける形で発展させているし、道元の場合、只管打坐《しかんたざ》（ただ坐禅のみ）の立場はあまりに有名である。比叡山系統でも、栄西《えいさい》のように、禅と密教を併せ修めようという立場の人もあるが、いわゆる新仏教とされる人たちは、概して唯一の行《ぎょう》のみを選び取る専修の立場が著しく、それは明らかに、比叡山の天台宗の祖である最澄の道を進んだものである。

鎌倉時代には、一方において同じ比叡山系の天台宗において本覚《ほんがく》思想(14)といわれる「あるがまま、何でもよい」という、極端な現実肯定思想が発展する。いわゆる新仏教は、そうした動向に対して、日本の天台の源泉である最澄の厳しい二者択一の立場に立ち戻ることによって、もう一度仏教を真剣に考え直そうとしたものだということができよう。従来日本の仏教史研究者は、専修の立場を極端に高く評価する傾向が強く、総合的な立場は不純であるとして否定的にみることが多かったように思われる。しかし、そのような評価は一面的であり、今後、考え直してゆかなければならない問題と思われる。

3　大乗非仏説論

今日の方法の先取り

長い仏教の歴史の中で、仏教の経典は当然ブッダの説いたこととして通用してきた。大乗経典に関しても同様で、それを疑うことなど全く考えられなかった。もっとも、例えば、中国で作成された経典は偽経《ぎきょう》（疑経）(15)と呼ばれて、早い時期から問題視されてき

(14) 本覚思想も教判に関しては選択的である。即ち、爾前《にぜん》（『法華経』以前の諸経）・迹門《しゃくもん》（『法華経』の前半の立場）・本《ほん》門《もん》（『法華経』の後半の立場）・観心《かんじん》（ありのままの心を観ずる立場）の四段階を立て、順次に前の段階を廃して後の段階を興す四重興廃《しじゅうこうはい》という教判を立てた。

(15) 偽経は従来批判的に見られていたが、両親の恩愛を説く『父母恩重《ぶもおんじゅう》経』のように、民衆に広く普及したものや、『円覚経』『（首《しゅ》）楞厳《りょうごん》経』のように、禅の展開に大きな影響を与えたものなどがあり、今日再評価され、研究が進められつつある。

たし、また、インドにおいても、大乗経典に関してブッダの説ではないという批判が、部派から出されていた。しかし、少なくとも大乗仏教を信ずる人たちからは、大乗経典の真理性は疑われることがなかった。ところが、誰一人疑うことのなかったこの常識に、江戸時代の若い町人学者富永仲基《とみながなかもと》（一七一五—一七四六）が挑戦した。それが大乗非仏説論、すなわち大乗仏教はブッダが説いたものではないという説である。

仲基の説は『出定後語《しゅつじょうごご》』にまとめられているが、多数の仏教経典はブッダ一人が説いたものでなく、歴史的に順次に成立してきたものだというもので、近代の仏教学の方向を完全に先取りしている。それを基礎づける理論が加上《かじょう》説[16]で、要するに時代的に後から出てくる説は、それに先立つ説に何らかの新しいことを付け加えることによって、自己の優越性を示そうとする、という考え方である。逆にいえば、新しいことが付け加わっている文献は、それがないものよりも時代的に新しく成立したということになる。これも今日の文献の歴史的研究に受け継がれている方法である。その方法を仏典に適用した結果、仲基はまず外道《げどう》（仏教外の説）があり、それを超えようとして加上したものが小乗の阿含経であり、大乗はさらにそれに遅れて成立したとしている。

(16) 仲基はこの方法を儒教の経典にも適用し、いわば一般的な思想史の方法論として提示したということができる。その結果、思想は時代や地域によって異なるという一種の相対論を立てるに至った。そこから、インド・中国・日本の思想の特徴を捉えようという比較思想の先駆的な業績も上げている。

学問対信仰

仲基の説は江戸時代には仏教者には受け入れられず、むしろ積極的に賛意を表わしたのは、仏教に反対する人たちだった。例えば、神道家の平田篤胤《あつたね》は『出定後語』をもじって『出定笑語《しょうご》』を書き、大乗非仏説論を仏教批判の武器として使った。それに対して、仏教者の側も反論したが、基本的には旧来の説を繰り返すのみで、新しい発展はなかった。同調者も批判者も、仲基の説の決定的な新しさを十分に理解できなかったのである。

この問題は明治になって蒸し返される。特に明治の仏教研究の指導者であった村上専《せん》精《しょう》（一八五一―一九二九）は、大乗非仏説論を唱えたために浄土真宗の僧籍を離れなければならないという事態にまで至った。その時代にもまだ、仏教界には大乗非仏説論への抵抗が強かったことが知られる。確かに大乗非仏説論が認められると、いままで信じてきた大乗経典がブッダの説いたものでなくなり、信仰の根拠を失うことになる。

この重大問題はその後、十分な議論がなされないままうやむやに終わり[17]、なし崩し的に大乗非仏説論が当然のこととして認められるようになってしまった。しかし、よく考えてみると、ここでは学問対信仰という非常に重要な問題が問われており、それを十分議論することなく終わったのは、近代の仏教研究にとって不幸なことであった。今日、もう一度大乗非仏説論の持つ意味を十分に考え直してみる必要があるのではないかと考えられる。

（17）村上専精はその後、歴史的には大乗は仏説とはいえないが、教理的には大乗も仏の思想を展開したものであり、仏説といってよいという妥協的な説を出した。おおむねこのような説が受け入れられ、大乗非仏説論をめぐる議論は下火になった。

5　苦悩としての存在

1　ブッダの出現

本章から、仏教の存在論や人間論の問題をいささか考えてみたい。すでに述べたように、仏教においてはこれこそ仏教の中核だという思想はなかなか指摘しにくいが、基本的に仏教はゴータマ・ブッダと結びついていなければならない、という暗黙の了解は、ある程度認めることができる。それゆえ、原始仏教の思想は仏教全体の存在理解、人間理解の根底をなしているところがある。まずそこからみていきたい。

もっとも原始仏教の説といっても、実際の経典が編纂整理され、今日みられるような状態になったのは、部派《ぶは》仏教が進展してからのことで、ブッダ自身が何を説いたかは、必ずしもそこからはっきりと確定できないところが多い。経典の古いと考えられる部分をみていくと、[1]ブッダの教えはいまだ十分に体系化されず、同時代に成立したジャイナ教[2]などと共通する要素を多く含んでいたと考えられている。しかし、ここでは厳密にブ

(1) 原始経典の中でも成立が古いと考えられる『スッタ・ニパータ』などを分析し、その中からさらに古層を見つけ出し、その思想を解明しようという研究が進められた。しかしそうすると、最初期の仏教はジャイナ教などと共通するところが多く、仏教の独自性が消えてしまう。そこで、今日ではそのような方法に疑問がもたれるようになってきている。

(2) ジャイナ教は、ブッダと同時代のマハーヴィーラを開祖とし、現代まで続くインドの宗教。徹底的な不殺生を説き、苦行によって業から離脱することを理想とする。

ッダ自身が何を説いたかというよりも、ある程度後の体系化されたところまで、視野に収めることにしたい。

ウパニシャッドと異端の自由思想家

原始仏教の思想を考えるには、当時のインドの思想状況を考えなければならない。大まかにいうと、インドの古代の宗教思想は、雄大な宗教詩であるヴェーダ文献(3)、特に『リグ・ヴェーダ』に始まるが、その後、哲学的にはウパニシャッドにおいて深められる。

ブッダの出現する頃までに成立した古ウパニシャッド(4)のもっとも重要な思想としては、業《ごう》と輪廻《りんね》の思想、及びアートマン（我《が》）とブラフマン（梵《ぼん》）の一致の思想が挙げられる。業（カルマ）(5)は、我々の善悪の行為のことで、それによって来世の境遇が決まり、来世の行為によってまたその次の境遇が決まる、という具合に無限に生死が続いていくのが輪廻（サンサーラ）(6)である。ウパニシャッドでは、そのように無限に生死を繰り返す苦しみから離脱するには、アートマンとブラフマンの一致を体得することが必要だという。アートマンというのは、輪廻を繰り返す我々個体存在の中核をなす不変の実体のことで、自我とか霊魂とかいうものに近い。ブラフマンはこの世界の根本原理で、人格的な神を超えた非人格的な原理である。このブラフマンとアートマンが一体化するとき、永遠の幸福が得られるというのである。

このようなウパニシャッドの説は、後世受け継がれてインドの正統派の宗教思想を形

(3) ヴェーダには、『リグ・ヴェーダ』『サーマ・ヴェーダ』『ヤジュル・ヴェーダ』『アタルヴァ・ヴェーダ』の四種類があり、サンヒター（本集）の他に、ブラーフマナ、アーラニヤカ、ウパニシャッドを含む。

(4) 『ブリハド・アーラニヤカ・ウパニシャッド』『チャーンドーギヤ・ウパニシャッド』などが有名。ヤージニャヴァルキヤ、シャーンディリヤなどの哲学者が活躍する。

(5) カルマは基本形はカルマン（karman）。行為・作用などの意。

(6) サンサーラ（saṃsāra）は、もともと流れること、遍歴することであり、「輪廻」と訳されるような回転するイメージはない。漢訳ではしばしば「生死《しょうじ》」とも訳される。

成するが、ブッダ出現当時には、都市国家の出現とともにさまざまな自由思想が出現し、異端的な思想家たちが活躍していた。仏教側の資料によると、その中の主要な思想家が六人いたといい、六師《ろくし》外道《げどう》[7]と呼ぶ。彼らはヴェーダの権威を否定し、業と輪廻の説やアートマンとブラフマンの説に疑問を呈し、あたかもギリシャのソフィストたちのようにさまざまな説を唱えた。ブッダも大きな視点からみれば、このような異端的な自由思想家の最大の一人であり、仏教は後世のインドの哲学者たちからは、強力な異端的宗教思想としてみられ続けた。

2　苦・無常・無我

四苦と無常

原始仏教の思想の中核を述べたものとして、しばしば諸行無常《しょぎょうむじょう》・諸法無我《しょほうむが》・涅槃寂静《ねはんじゃくじょう》の三つをセットにして三法印《さんぼういん》といい、原始仏教のみならず仏教全体の根本原理とされる。これに一切皆苦《いっさいかいく》を加えて、四法印《しほういん》ともいう。法印[8]というのは真理の印ということで、これに照らして真理に合致するかどうか判定する基準となる原理である。南伝系では苦・無常・無我の三つをセットとして、やはり根本原理とする。

まず、一切皆苦[9]の原理であるが、仏教ではこの世界を苦しみに満ちていると考える。もっとも基本的な苦は四苦といい、生《しょう》・老・病・死の四つが挙げられる。このうち、生苦はこの世界に生まれてくること自体を苦とみることで、老・病・死については特に説

(7) 六師は、プーラナ（道徳否定論）、マッカリ（運命決定論）、アジタ（唯物論）、パクダ（要素説）、サンジャヤ（懐疑論）、ニガンタ（ジャイナ教の祖マハーヴィーラ）。

(8) 法印の原語の dharmo-ddāna は法の梗概の意。法（dharma）は、ブッダの教えであるとともに、その教えによって示される真理をも意味する。また、存在、存在要素などを意味することもある多義的で重要な語である。

(9) 苦（duḥkha）は必ずしも苦痛・苦悩だけに限らず、不幸な状態を広くいう。それに対するのは楽（sukha）。これも快楽・安楽だけに限らず、幸福な状態を広くいう。

明を要しないであろう。以上の四苦に、愛別離苦《あいべつりく》（愛する人と別れる苦しみ）・怨憎会苦《おんぞうえく》（いやな人と会う苦しみ）・求不得苦《ぐふとくく》（欲しいものが得られない苦しみ）・五蘊盛苦《ごうんじょうく》（すべてのものは苦しみに満ちているということ）の四つを加えて八苦とする。最後の五蘊盛苦は全体を総括するものといえる。最初の四苦が個としての必然的な苦悩であるのに対して、後のものは主として人間関係、あるいは物との関係に由来するものである。このような人生観はあまりに悲観的にみえるかもしれないが、人生の苦悩の面を直視し、それに対処できるのでなければ、宗教思想として力のあるものとはなり得ないのである。

ここで一言触れておくべきは、原始仏教の思想も古代インドの枠組みの中にあり、自由思想家たちと共通したところが多く、アートマンやブラフマンは否定するが、業と輪廻の説は受け入れている。したがって、苦や無常もすべて輪廻の枠組みで理解しなければならない。しかし、このような人生の苦悩は、輪廻を前提としなくても十分理解ができ、その点いささか曖昧である。仏教がインドを超えて広まることができたのは、一つにはこのような曖昧さが、思想の普遍性につながったという面があるのではないかと思われる。

次に、無常(10)は、あらゆるものは時間的に変化し、一瞬間とて同じ状態にとどまらない、ということである。諸行無常という場合の「諸行(11)」は一切の形成されたものという意味で、分解して解体してしまうこの世界のすべてのものを意味する。無常は苦の原因であると考えられる。我々の存在が変化しないならば、四苦も八苦もないが、無常であって

(10) 無常（anitya）は、永続すること（nitya）の否定。永続性がないこと。

(11) 行（saṃskāra）は、一方で形成する力や意志力を意味する場合があるが（例えば、五蘊や十二縁起の「行」）、それによって形成されたものをもさす。

変化するから、病・老・死の苦しみもやってくるのである。

しかし、経典でははっきりいっていないが、逆の面も考えられる。現在苦難の状態にある場合、それが無常であって変化するからこそ、未来へ向けて希望を持つことができる。仏教では最高の理想として悟りや涅槃《ねはん》を立てるが、そこへ向かって進んで行けるのも無常だからこそといえる。

不変の実体はない

第三の原理として無我が立てられる。「諸法無我」という時の「諸法」は一切存在という意味である。「無我」は原語ではアナートマンであるが、これは我々の存在の根底にある永遠不変の霊魂のような実体であるアートマンに、否定を意味するアンがついたもので、アートマンの否定を意味する。[12] 無常であるということは、一切の不変の存在を認めないことであるから、アートマンのような実体も否定することになる。アートマンだけでなく、ブラフマン的な永遠の実在も当然否定される。応用的にいえば、ユダヤ＝キリスト教的な絶対神も認められないことになろう。

この点を説明するのに、しばしば我々の存在を要素に分解してみるという説明がなされる。例えば、五蘊《ごうん》説がある。五蘊というのは、色《しき》・受《じゅ》・想《そう》・行《ぎょう》・識《しき》という五つの存在の要素の集まりで、我々の存在はそれによって成り立っているという。色は物質的要素のことで、我々の身体、より広くは、我々によって認識される外界の対象を意味する。

(12) anātman = an + ātman

後の四つは精神的な作用で、受は対象を感受する作用、想は感受された対象を心の中で表象する作用、行はその対象に向かってはたらきかける意志作用、最後の識はそれらの精神作用を統括する作用である。このように我々の存在、さらには世界の一切の物質的・精神的存在は五蘊の要素に分解され、そこにアートマンのような永遠不変の実体が入ってくる余地はない。

同様の説明は、十二処《じゅうにしょ》や十八界《じゅうはちかい》という形でもなされる。十二処は、六種の認識対象（色《しき》・声《しょう》・香《こう》・味《み》・触《そく》・法《ほう》）と六種の感覚器官（眼《げん》・耳《に》・鼻《び》・舌《ぜつ》・身《しん》・意《い》）の接触によって万物の認識がなされるという理論(13)で、やはりそこに永遠不変のアートマンは入ってこない。十八界は、十二処に六種の認識作用（眼識・耳識・鼻識・舌識・身識・意識）を加えたものである(14)。

ドグマとしての無我説の問題

ところで、苦や無常が少なくとも現象のレヴェルでは誰もが観察し、体験することで、比較的常識的にも理解できるのに対し、無我はかなり哲学的な議論が入ってきて、それほど分かりやすいものではない。それはアートマンという、現象を超えた実体が問題になっているからで、このレヴェルまで問題が進むと、はたして永遠のアートマン、あるいは霊魂が存在しないと本当にいえるのかどうか、それほど確かではない。五蘊や十二処・十八界の説は、確かに現象世界がアートマンなしでも説明できることを証明してい

(13) それぞれ、眼により色、耳により声（音）、鼻により香、舌により味、身体により触（接触対象）、意（心的作用）により法（心的対象）を認識する。

(14) 五蘊と十二処・十八界の関係を表示すると、以下の通り。

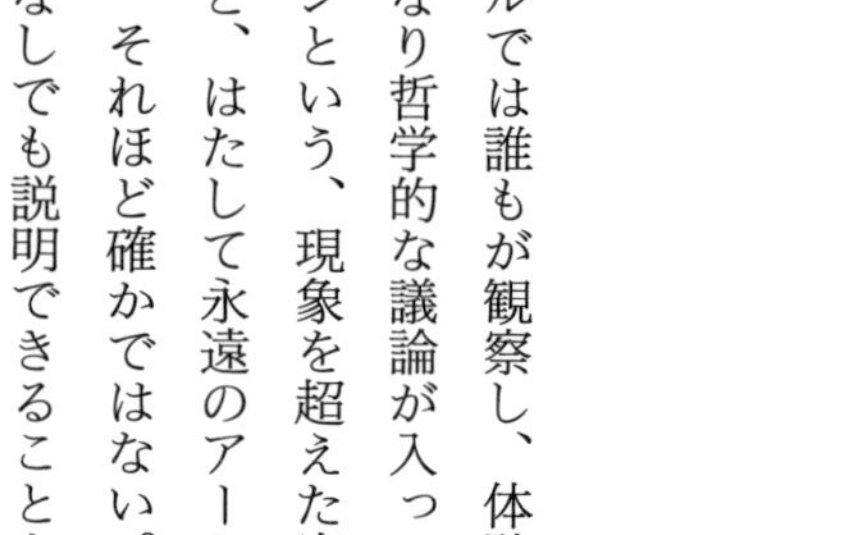

るかもしれないが、だからといって現象を超越した実在が絶対に存在しないとは証明していない。あえていえば、無我説は一つのドグマであるといってもよいであろう。仏教の立場は徹底した現象論をとり、超越的な実体を排して、あくまで現象世界の問題を現象世界の枠の中で説明しようというのである。

　このことを明確にするものに無記《むき》という考え方がある。無記というのは説明できないということで、[15]現象世界を超越した形而上学的問題に対して、解答を拒否するのである。それらの問題とは、世界は時間的に有限か無限か、空間的に有限か無限か、霊魂と肉体は同一か異なっているか、如来《にょらい》（＝ブッダ）は死後も存在するか否か、というような問題である。[16]この態度はしばしばカントの先験的弁証論と対比され、我々の存在の問題を徹頭徹尾、現象世界の枠の中で解決しようという態度が明白である。

　もっとも、ここにもやはり問題は残っており、後述のように、実は最後の如来の永遠性については曖昧なところがある。また、もし無記説を徹底して形而上学的な問題をすべて拒否したら、「アートマンがある」とも、「アートマンがない」ともいえないことになり、その立場からは無我説もまた主張できないことになる。徹底的に形而上学的存在を導入せずに問題を解決することができるのかどうか、このあたりにもどうも曖昧さがありそうである。

　なお、もう一つ無我説をめぐっては解釈上の問題がある。それは、最初期の仏教、恐らくブッダ自身においては、確かに超越的な実在としてのアートマンは否定するが、

（15）無記（avyākṛta）は、説明される、解答される意の vyā-kṛta に否定の a が付いたもの。

（16）世界は時間的に①有限、②無限、③有限かつ無限、④有限でもなく無限でもない、という四支を立て、いずれともいえないとする。世界の空間的な有限・無限、如来の死後の有・無に関しても同様に四支を立てる。霊魂と肉体に関しては同一と異なるの二支を立てる。以上で十四になり、十四無記という。

我々の存在の主体性そのものの意味ではアートマンを認めていたのではないか、といわれている。すなわち、アナートマンは「アートマンがない」ということを意味するのではなく、「アートマンでない」、すなわち、アートマンでないものをアートマンと認めてはいけない、という意味だというのである。その意味で、原始仏教のアナートマン説は、無我説ではなく、非我説だといわれる。そして、このような非我説が比較的早い時期に、先に述べたような無我説に転じたと考えられている。

このように、無我説は原始仏教、あるいはそれにとどまらず仏教思想の中核をなすものでありながら、実は非常に問題の多い、かつ曖昧なところのある思想なのである。

3　縁起

十二縁起の考え方

現象世界の問題を、超越的な原理を持ち出さず、現象世界の枠の中で説明する理論が縁起説で、これもまた仏教の特徴的な説である。縁起説とは、要するにこの世界の現象はすべて原因があって成立するのであって、原因なくして何物も存在しない、ということを主張するものである。縁起説は因縁説ともいうが、分けていうと、「因」は直接の原因であり、「縁」はその原因が結果を引き起こすために必要な条件であるともいわれる[17]。その因も縁も、すべて現象世界の枠の中で考えられるから、ここでも仏教の現象主義が貫かれることになる。

(17) 因・縁・果の構造を図示すると、以下のようになる。

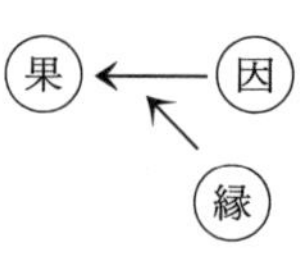

なお、縁起の原語の Pratitya-samutpāda は、「縁《よ》って起こること」の意。

縁起は、後には広く一般的に事物の相互依存関係を意味するようにもなるが、もともとはどうして人生の苦が生じてくるのか、その原因を解明しようというものである。その原因の鎖を順次たどって十二段階を立てたのが、十二縁起（十二因縁）と呼ばれる。

①無明《むみょう》（根源的な無知）
②行《ぎょう》（潜在的な活動）
③識（認識作用）
④名色《みょうしき》（認識対象）
⑤六処（認識器官）
⑥触《そく》（③④⑤の接触）
⑦受（苦楽の感受）
⑧愛（欲望）
⑨取（欲望から起こる取捨）
⑩有《う》（潜在力）
⑪生《しょう》（この世に生まれること）
⑫老死（苦）

①②はいわば潜在的な状態で、それがもとになって、③〜⑦の感覚、感受の苦楽に対して欲望（⑧）が起こり、それが持続的な執着（⑨）となって潜在化し（⑩）、新たな生老（病）死の苦悩（⑪⑫）を生むという構造になっている。十二縁起はいろいろなパタ

ーンの縁起説が結び付けられて総合されたために、因果関係が錯綜し、分かりにくいところがあるが、最終的に整理された縁起説として有名である。

この中で注目されるのは、まず⑧の愛である。愛は渇愛《かつあい》[18]ともいわれ、あたかも喉が渇ききった人が水を欲するような、理性でコントロールできない激しい欲望を意味し、このような欲望を煩悩ともいう。もっとも根本的な煩悩として、通常、貪《とん》（好ましいものへの愛着）・瞋《じん》（好ましくないものへの反発）・癡《ち》（無知）の三つが挙げられ、三毒ともいわれる。

ここで、三毒の中に癡（無知）が挙げられているのは注目される。これは十二縁起で第一に挙げられる無明[19]に相当する。無明をめぐっては二つの解釈がある。第一は、純粋に知的な意味で真理を知らないこと、具体的にいえば縁起の理法を知らないことをいうのだという解釈であり、第二は、純粋に知的なものでなく欲望的な要素が入っているとみる解釈である。仏教には主知主義的な面が強いのは事実であるが、しかし、例えば煙草の害が分かってはいても、止められないということがあるように、知るということは単に頭で理解するだけではないところがある。十二縁起でいわれる無明は、存在のもっとも根源に関わる無知であり、単に頭で知っているかどうかだけの問題でないことは明らかである。

輪廻は含まれるか

（18）愛（tṛṣṇā）は、もともと喉の乾くことの意から派生した。愛を意味する語としては、他に男女の愛欲を意味する kāma などもあるが、仏教では多く否定的に見られる。

（19）無明（avidyā）は、vidyā（明らかな智慧）に否定の a がついたもの。

なお、十二縁起が現世の範囲内のことか、輪廻を含むかということもしばしば問題にされる。部派の解釈の中でも特に有名なものに説一切有部《せついっさいうぶ》の説があるが、それによると、①②を過去世、③~⑩を現在世、⑪⑫を未来世とみて、十二縁起を三世《さんぜ》に亘る因果を明らかにしたものとみる。[20] しかし、近代の解釈は輪廻を非合理のものとみるから、十二縁起を現世の枠で解釈しようとする。十二縁起は先に触れたように、錯綜していて分かりにくいところがあるが、その中で有部の輪廻による解釈は、それを筋道立てて解釈しようとした優れた解釈である。

しかし、輪廻に関しては、上述のように原始仏教において曖昧なところがあり、それは十二縁起に関しても全く同様である。

4　涅槃

涅槃とはどのような状態か

三法印《さんぼういん》、あるいは四法印[21]では苦・無常・無我に涅槃寂静が加わる。苦・無常・無我が現象世界の我々のあり方を説明する原理であるのに対して、涅槃は苦なる状態を脱した理想の境地を指す。理想の状態を指す言葉に、他に悟りとか、解脱《げだつ》などがあり、厳密には区別されるが、今は立ち入らない。涅槃はニルヴァーナの音写語であるが、もともと炎を吹き消すことで、煩悩の炎が寂《しず》まった状態を指す。前述のように、無常であることはプラスの方向に進歩してゆく可能性のあることをも意味し、その究極が涅槃である。

(20) 三世両重の因縁と言われる。詳しくは一七五―一七六頁参照。

(21) 四法印の関係を図示すると以下のようになる。

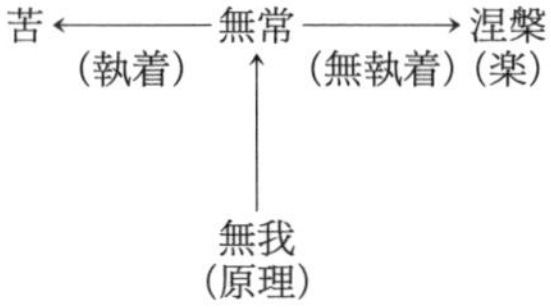

では涅槃が具体的にどのような状態を指すのかというと、実はこれもまた解釈が分かれる。一つの解釈は、涅槃とは輪廻から解放され、空無に帰することだとする。ブッダが生きている間は有余《うよ》涅槃（まだ肉体を残している涅槃）といい、それに対してブッダが亡くなることを無余《むよ》涅槃（肉体もなくなった完全な涅槃）という。

第一の解釈によると、無余涅槃に入ることは、それでブッダの存在自体がなくなってしまうことを意味する。しかし、これではいささかニヒリスティックになってしまう。第二の解釈は、ブッダが涅槃に入ることは、空無に帰することではなく、むしろそれによって完全な自由が得られることだという。ブッダが亡くなってもブッダに対する崇拝はかえって盛んになり、やがて大乗仏教においてはブッダの永遠性[22]が議論されるようになる。しかし、そうなると今度は無常の原則に抵触し、仏教が否定したはずの一種の永遠の実体的存在を認めることになってしまう。

理想の境地の曖昧さ

このように、どちらの解釈をとっても問題が生じる。先に触れた無記の中には、ブッダ（如来）は死後も存在するか否かが、回答不能の形而上学的問題とされていた。このことは逆に、当時すでにこの問題をめぐって議論が絶えなかったことを示している。

考えてみれば、理想とされるべき境地がこのように曖昧だというのは、いかにも奇妙である。しかし、その曖昧さがかえって多様な解釈を可能にし、仏教の多様な発展を促

(22)『法華経』では、ブッダは久遠の昔に成仏していたとされ、『涅槃経』では、ブッダの法身（真理としての身体）は永遠であるとされる。『涅槃経』はさらに、その永遠のブッダが衆生に内在化したものが仏性であるとする。一六三頁参照。

したという結果をも生んでいる。例えば、東アジアでは悟りとか涅槃を、現象を超越したものとみずに、現象の無常なるままが悟りであり、涅槃であるとみる考え方も発展した。(23) 涅槃、すなわち最高の理想が何かということは、解答がすでに外から与えられた解決ずみの問題ではなく、むしろ常に自ら問い直していかなければならない開かれた問題ではないだろうか。

(23)「煩悩即菩提」とか「生死即涅槃」という言葉が用いられる。

5　四諦

迷いと悟りの四つの真理

最後に、原始仏教を論ずる際に、三法印・四法印や縁起とともに、必ず問題にされる四諦《したい》について、簡単に触れておこう。四諦の「諦」は真実・真理という意味で、迷いと悟りの道筋を四つの項目に分けて説明したもので、四聖諦《ししょうたい》ともいう。第一は苦諦《くたい》で、これは人生は苦であるという、現象世界の真実をいう。その苦諦の具体的なすがたとして、先に触れた四苦や八苦が説かれる。第二は集諦《じったい》で、ものが集まり生ずる原因に関する真理であり、具体的には苦がどのような原因から生ずるかということの探求である。通常渇愛が挙げられるが、先に挙げた十二縁起をここで考えてよいであろう。第三は滅諦《めったい》で、これは苦と逆の理想状態であり、渇愛の滅した涅槃の境地をいう。第四は道諦《どうたい》で、その理想の境地に達するための進みゆくべき道筋を示したものであり、具体的には八正道《はっしょうどう》という八つの実践法が説かれる。(24)

(24) 詳しくは一三二頁参照。

6 言語と存在

1 存在の分析

アビダルマ仏教の形成

前章にみたように、原始仏教の教義はかなり曖昧なところの多い素朴なものであった。もともとブッダの教えはいかに苦を脱し、悟りに至るかという実践的な目的のものであったから、純粋に理論的な体系性や整合性は必ずしも意図されていなかった。毒箭《どくや》の喩えというのがあり、それによると、毒箭に射られた人を救うのに、箭を誰が射ったか、どんな箭かなどと尋ねるより、まず箭を抜いて治療しなければならない。それと同様に、形而上学的な問題にうつつを抜かすよりも、ともかく人生の苦を救うことを考えなければいけない、というのである。[1] すなわち、多少理論的には不十分でも、実践的に目的が達せられれば、それでいいというのである。

ところが、時代が下ると、実践性だけでは満足できなくなり、特に部派《ぶは》が分かれてく

(1) この喩えは、漢訳では『中阿含経』巻六〇などに見える。

ると、部派同士で細かい理論上の差異を取り上げて論争も起こるようになった。このように、経典を基にしながら理論的な探究を行う一群の文献を、アビダルマ(2)（阿毘達磨《あびだつま》）といい、経・律・論の三蔵の論蔵に当たる。また、こうして形成された部派の理論仏教をアビダルマ仏教という。その代表として、特に東アジアで仏教の基礎学として学ばれたのが『阿毘達磨倶舎論《あびだつまくしゃろん》』（『倶舎論』）である。『倶舎論』はヴァスバンドゥ（世親）の著で、説一切有部《せついっさいうぶ》（有部）の理論に基づきながら、それを一部批判修正している。

アビダルマの理論の目的は無常・無我なるこの世界の構造を明らかにし、そこから超越して悟りに至る道筋を理論的に解明しようとするところにある。無我を説明するのに、原始仏教では五蘊《うん》・十二処《しょ》・十八界などの要素に分け、アートマンのような実体を想定する必要がない、ということをその根拠としたが、アビダルマにおける説明もそれと同じ方向を取り、それをさらに徹底させる。すなわち、あらゆる現象世界の存在をその構成要素に解体して、そこに実体的なものは何も残らないことを証明しようとするのである。この構成要素のことをダルマ（法）と呼び、説一切有部では、五つの種類に分類される七十五種のダルマ（五位七十五法）を立てる。

①色《しき》法——物質的な存在。五つの感覚器官（眼・耳・鼻・舌・身）とその五つの対象、及び感覚で捉えられない物質的なもの（無表色《むひょうしき》）(3)の十一種。原子が集まってできている。

②心《しん》法（心王《しんのう》）——心の本体。一種類。

(2) アビダルマ（abhidharma）は、三蔵（経・律・論）の論に相当する。「ダルマ（法）に対する（研究）」の意。

(3) 無表色は、業（行為）によって惹き起こされた結果が潜在化したもの（無表業）で、それが次の結果を惹き起こす。有部では、それを物質的なものと見る。

③心所法《しんじょ》（心所有法）——心の作用。さまざまな心の働きで四十六種。(4)
④心不相応行法《しんふそうおうぎょう》——心のはたらき以外のさまざまな概念で、十四種。
⑤無為法(5)——無常を超えた存在。涅槃や虚空《こくう》（空間）など三種。

時間の連続性をどう説明するか

これら七十五種のダルマはもはや分解できず、それ自体実在するものと考えられるが、そうなるとこれらの要素自体は無常や無我の原則に抵触してこないかが問題となる。ところが、有部の理論はこの点をさらに一歩進め、実在論的な方向を強める。それが有部の時間論である。無常の原則を極限まで推し進めると、あらゆる事物は一瞬間存在するだけで、次の瞬間には別の存在が生起するという具合に、一瞬間ごとにすべてが変化してゆくと考えられるに至り、これを刹那《せつな》滅《めつ》と呼ぶ。

これは有部のみならずインド仏教のすべての学派で主張され、それを論証するのにさまざまな論法が工夫されたが、一瞬間ごとに存在の様相が全く違うものになるとしたら、時間の連続性はどのように確保できるかが問題になる。有部の理論は三世《さんぜ》実有《じつう》説といわれ、その点を説明するもっとも有名なものの一つである。それによると、過去・現在・未来の三世《さんぜ》の一切のダルマは消滅することなく、常に実在しており、その中で現にいまの一瞬間にはたらいているダルマが現在のダルマで、そのはたらきが終われば過去のダルマになり、まだはたらいていないダルマが未来のダルマだというのである。あたかも

（4）心所法は、以下のように分けられる。大地法（すべての心のはたらきに伴う。十種）・大善地法（すべての善心に伴う。十種）・大煩悩地法（すべての悪心と染心《ぜんしん》に伴うもの。六種）・大不善地法（すべての悪心に伴うもの。二種）・小煩悩地法（一部の悪心や染心に伴うもの。十種）・不定法《ふじょう》（その他。八種）。

（5）無為（asaṃskṛta）は形成されないもので、生滅を離れている。それ以外のものは有為（saṃskṛta）で、形成されたものであり、生滅する。

映画のフィルムのうち一齣だけスクリーンに映し出されるようなもので、その映し出されたものが現在なのである。

この理論は、確かに時間の中で存在するものが変化するという現象をうまく説明しているが、過去も未来も実在するとしたら、無常ではなくなってしまう。また、それでは現象世界を超えた実在を認めない無我説とも抵触する。無常・無我を説明するために、かえって過去も未来もすべて厳然と実在するという奇妙な結果になったのである。本来実践的な問題であった無常や無我を、理論のレヴェルで説明しつくそうとしたことに、そもそも無理があったのである。その極端にまで行き過ぎてしまった理論をもう一度引き戻そうとしたのが、ナーガールジュナの空の論理である。

2　ナーガールジュナの論法

『中論』の過激な論法

ナーガールジュナの『中論』は、ほとんど過激といってよいくらい厳しい、そして詭弁すれすれの論法を駆使して、我々の常識に挑戦する。それは、言語の論理をもって無常や無我を説明しつくそうとするアビダルマの論法への手厳しい批判である。[6]

例えば、第一章ではものの生成を否定する。もしAというものがA自体から生ずるとしたら、Aは初めから存在したことになって、いまはじめて生じたとはいえない。ところが、AがBという別のものから生ずることもありえない。なぜならば、Bはあくまで

(6)『中論』の冒頭には、「不生にして亦た不滅、不常にして亦た不断、不一にして亦た不異、不来にして亦た不出」と八つの否定を重ね、常識的な言語の世界を批判している。これを八不《はっぷ》という。

Bであって、そこにはAの本質は存在しないからである。AとBの結合からAが生ずることもないし、まして、原因なくしてものが生ずるはずもない、というのである[7]。これは奇妙な論法である。縁起の理法からすれば、存在するものは生じては滅するはずである。ところが、ここではものが生ずるということを否定してしまっている。

第二章では、過ぎ去るという運動を否定する。過去のものは、もはや現在において過ぎ去るということはない。未来のものはまだ現前していないのだから、いまここで過ぎ去るということはない。しかし、過去と未来から切り離された一瞬間の現在だけでは、過ぎ去るという運動は成り立たない[8]。したがって、過去・現在・未来のどこをとっても運動は成り立たないというのである。

また、同じ章では、過ぎ去るという運動を、「過ぎ去るもの」と「過ぎ去ること」に分けて、運動の不可能性を論証している個所もある。「過ぎ去るもの」は「もの」であるから、そこに「過ぎ去る」という運動は含まれていない。他方、「過ぎ去るもの」がなくて、ただ「過ぎ去ること」だけがあるはずがない。それゆえ、「過ぎ去るもの」においても「過ぎ去ること」においても、過ぎ去る運動は成り立たないというのである[9]。これは「飛ぶ矢は飛ばない」とか、「アキレスは亀に追いつけない」といった、古代ギリシャの哲学者ゼノンの論法を思い起こさせる。

それでは、本当にものが生ずること、あるいはものが過ぎ去ることがないかというと、そんなはずがない。そうとすれば、この論法の方がおかしいことになる。実は、ナーガ

(7)「諸法は自より生ぜず、亦た他より生ぜず、共よりならず無因ならず、是の故に無生なりと知る」(第一章第一偈)。

(8)「已《すで》に去りたるは去ること有ることなし、未だ去らざるも亦た去ることなし、已に去りたると未だ去らざるを離れて、去る時も亦た去ることなし」(第二章第一偈)。

(9)「若し去る者を離るれば、去る法《こと》は得べからず、去る法なきを以ての故に、何ぞ去る者あるを得んや」(第二章第七偈)。

ールジュナのいいたいこともそのことである。その論法は帰謬法《きびゅうほう》といい、相手の論法に従うと奇妙な結論が出ることを指摘して、それによって相手を論破しようとするのである。ナーガールジュナが論破しようとした有部《うぶ》のような実在論の立場では、それぞれの要素は独立の実在であり、そこでは相互関係が成り立たなくなってしまう。例えば、三世実有説のように、過去・現在・未来の存在が切り離されて実在するならば、その連続性が成立せず、生成も運動も不可能になる。ナーガールジュナが帰謬法で指摘したのはこのことである。

無自性の立場と実践主義

ナーガールジュナの立場は、実在論に対して、もう一度原始仏教の現象論の立場を取り返そうというものである。現象の世界においてはじめてものの生成や運動を認めることができるのであり、その根底に何らかの実在を想定すると、生成や運動が成り立たなくなるというのである。このような実在のことを自性《じしょう》(10)と呼ぶ。自性というのは、それ自体で存在し、他に依存しないような実体、あるいは物の本質のことで、ナーガールジュナの立場は、そのような自性を否定する無自性の立場と呼ばれる。無自性であって、はじめてものは相互に関連しあい、縁起ということも成り立つ。それゆえ、無自性の立場は原始仏教の無我・縁起の思想を新たに哲学的に捉え直したものといえる。この無自性のことをまた空《くう》(11)ともいう。それはまた「かりに設定されたもの」(プラジュニャプティ。

(10) 自性の原語は svabhāva. 西洋哲学でいう「実体」に近いところがある。

(11) 空の原語は śūnya で、もともと何もないこと。数字のゼロも śūnya である。

漢訳は「仮《け》」「仮名《けみよう》」）であり、中道ともいわれている。すなわち、次のような等式が成り立つ(12)。

無我＝縁起＝無自性＝空＝かりに設定されたもの（仮）＝中道

「かりに設定されたもの」は、具体的には言語による設定を意味する。ものの区別は言語との関係において成り立ち、それを離れて実在としてあるものではない。例えば、手許にある本が本として認識されるのは、「本」という言葉に対応することによるもので、その言葉を離れて何か「本」という実体があるわけではない。当たり前のようであるが、有部の理論の場合をみてもわかるとおり、哲学的にものを考えていくと、このような実体論的な考え方に陥りやすい。西洋の哲学でいえば、プラトンのイデア論がその典型であり、ナーガールジュナの無自性の立場は、それと正反対のところに位置する。

無自性の立場は、このような哲学的な議論の地平だけに位置するものではない。それは原始仏教の実践主義の立場を取り戻すことを目的としている。我々がものに執着するのは、それが言葉に対応して設定された現象であることを忘れ、その対象があたかも永遠の実在性を持つかのように考え、それを他のものとの関係から切り離して、他のものは変わっても、それだけは変わらずに所有していたいと考えるからである。これが原始仏教でいわれた渇愛である。そのような執着の典型が、自分自身に対する執着に他ならない。死すべき無常の存在で、永続的な自性を持たない自分自身を、あたかも何か永続

（12）「衆の因縁（縁起）より生ずる法（存在）は、我は即ち是れ無（空）なりと説く。亦た是れ仮名と為す。亦た是れ中道の義なり」（『中論』第二四章第一八偈）。この偈を基にして、中国の天台宗の祖智顗は、空・仮・中の三諦を立てた。ただし、空・仮・中はもともと同じことを意味していたのに対して、智顗は、「空」は多様な現象もその本質は無自性なること、「仮」は無自性ではあるが多様な現象が存在すること、「中」は究極的な立場から空と仮を統合することと解した。

的なもののように考えるところから、自己に対する執着が生じ、苦しみが生ずる。無自性の立場は、そのような執着の対象となるような永続的な存在がないことを正しく知り、それによって執着をなくし、苦なる状態を脱しようとするのである。

二諦説をめぐる議論

ここで一つ問題がある。以上のようにナーガールジュナの思想をみるとき、それでは彼が最終的に求めたのは何だったか、ということである。これもまさに原始仏教に関して問題にしたことと類似するが、要するに、実体論が排され、言語が正しく現象世界のレヴェルで用いられるようになることが、最終目的であるのか、それとも、それを超えた何か高次元の悟りに当たるような体験が求められているのか、ということである。

この点に関して注目されるのは、『中論』第二四章に説かれている二《に》諦《たい》説である。二諦の「諦」は四諦の場合と同様に真理の意であり、したがって、二つの真理説とか、二重真理説などともいわれる。二つの真理というのは、第一義《だいいちぎ》諦《たい》（真諦《しんたい》）と世《せ》俗諦《ぞくたい》（俗諦）である。第一義諦というのは根本の真理であり、世俗諦というのは第一義諦を説明するための言語表現である。そこで、第一義諦そのものがどのように把握されるかが問題になる。

ナーガールジュナは世俗諦によらなければ第一義諦は把握されないというが[13]、最終的に第一義諦そのものがどのように把握されるかは曖昧である。そこで、一つの解釈は、

(13)「若し俗諦に依らざれば、第一義を得ず、第一義を得ざれば、則ち涅槃を得ず」（第二四章第一〇偈）。

言語を超えたところに何か特別なものがあるわけではなく、空《くう》、すなわち無自性の立場が正しく理解され、正しく使われるならば、それを超える特別体験的なものは何もない、とする。もう一つの解釈は、言語表現を超える悟りの体験があるはずだ、と考える。ナーガールジュナ自身は、この問題に関してこれ以上のことはいっておらず、二諦説をめぐってはその後さまざまな議論が展開することになる。[14]

しかし、理論的にはともかく、実際の信仰や実践の場においては、何か言語を超えた体験を求めようという方向がどうしても強くなる。例えば、「空」にしても、先の図式では縁起であり、無自性であることが空と呼ばれ、それを超えるものは想定されていないが、実際には何か「空」というものが体験されるように考えられることが少なくない。さらにそれは、積極的に「実相《じっそう》」[15]「真如《しんにょ》」[16]などという言葉で表現されることも少なくない。このように言語を超えて体得されるものが認められると、それは一種の神秘主義ともいうべきものに近くなり、密教などはその方向を強く推し進めることになる。

3　言語と存在をめぐる議論

言語と体験

ナーガールジュナの思想はその後、仏教諸派の哲学において極めて大きな影響を及ぼした。例えば、二諦説の一つの展開として、唯識派（瑜伽行《ゆがぎょう》派）の三性《さんしょう》[17]説が挙げられる。三性というのは、存在に対する見方を迷いから悟りに至る三つのレベルに分けて論

(14)『中論』では言語的な表現に対してその矛盾を追及するが、第二六章では十二因縁（縁起）をそのまま認めている。このように、『中論』は、十二因縁のような原始仏教以来の説は原則として認めていたと考えられる。

(15) 実相は『法華経』に「諸法実相」と出るのが有名であるが、必ずしもぴったりした原語がない。

(16) 真如の原語は tathatā（かくの如くにあること）。あるがままの真理。

(17) 三性説は、初期には言語と真理の関係に関するものであったが、後に唯識説が発展すると、主観的な心と客観的な対象の関係に関するものとされ、主観的な識を離れて客観的に対象が実在すると考えるのが遍計所執性、外界の対象を識に還元するのが依他起性、二元対立を離れた究極の真実（真如）が円成実性と解されるようになった。

ずるもので、第一は妄想・虚構された本性（遍計所執性《へんげしょしゅうしょう》）、第二は他に依存するという本性（依他起性《えたきしょう》）、第三は完成された本性（円成実性《えんじょうじっしょう》）である。第一のあり方は、ふつう人が言語に対応する実体があると考えて執着する態度で、これは全面的に否定されなければならない。第二のあり方は、言語を現象世界の縁起との関わりにおいて捉えようという態度で、それが執着に陥ると第一の立場に転じるし、その執着から離れたとき、第三の立場に転ずることになる。第三のあり方は、究極的な真理が把握された段階で、ここで真如が把握される。三つのレベルは、それぞれがまた空であり無自性《むじしょう》であるといわれる。

　ところでここまで、言語を超えた体験の有無が大きな問題になっていた。しかし、このような問題の立てかたそのものが適当かどうか考えてみなければならない。言語を超えた体験の有無を問うことは、言語で表現できることとそれによって表現できないことの間に絶対的な線を引き、両者を動かしがたいものと考えてしまっている。その対立そのものが一つの仮構ではないだろうか。この問題を中国の禅の場合をとって考えてみよう。

禅の言語

　中国の禅も、もともとは言語で表現できるものとできないものの、非常にはっきりした二元論に立脚している。禅の有名なスローガンに、「不立文字《ふりゅうもんじ》、教外別伝《きょうげべつでん》、直指《じきし》人心《にんしん》、見性成仏《けんしょうじょうぶつ》」[18]（文字言語を立てず、言葉による教えの外に真理は別に伝えられる。直接に人の心の本来のあり方を指し示し、その本性を悟れば、それが仏になるということである）というものがあり、禅の原則論では真理は言語で表現できないものとされる。すなわち言語は「月を差す指」であり、あくまで真理に到達するための手段だとみなす。ところが他方、よくいわれるように、禅ほど饒舌な宗教はなく、禅林の文学といわれるように、言語を用いたさまざまな試みがなされる。

　宋代の禅宗では公案《こうあん》[19]という方法が発展する。公案というのはもともと裁判の案件のことであるが、古人のすぐれた言動を簡潔にまとめたもので、それにどう対応するかで、修行者の力量の向上を図ろうとする、一種の教育指導上の方法である。そうなると、表現できない体験ではなく、むしろその体験をどう表現できるかが問題となる。その際の表現は、言語をモデルとしながらも、例えばボディ・ランゲージのようなものまで含めて、より広く考えられる。このような公案集として、『碧巌録《へきがんろく》』（雪竇重顕《せっちょうじゅうけん》・圜悟克勤《えんごこくごん》）や『無門関《むもんかん》』（無門慧開《えかい》）などが後世広く用いられた。では、そこで用いられる言語とはどのようなものか、一例をみてみよう。

二元論を崩す意味

『碧巌録』第七十〜七十二則は、百丈懐海《ひゃくじょうえかい》と潙山霊祐《いさんれいゆう》・五峰常観《ごほうじょうかん》・雲巌曇晟《うんがんどんじょう》という三人との問答を並べている。そこで、百丈は三人に、「咽喉と口を塞いで、どうものを言っ

（18）このスローガンは宋代になって確立したもので、古くからあるものではない。

（19）有名な公案に、「犬に仏性があるか」と問われた趙州《じょうしゅう》和尚が「無」と答えたという趙州無字などがある。

たらよいのか」という問いを出す。咽喉と口を塞ぐということは、発語の行為を禁じることであり、つまり言語を用いることを不可能にして、なお、それをどのように言語で表現すべきかを問うのである。これは本来不可能なことであり、言語可能な領域と言語不可能な領域の二項対立では解決が得られない。この問いは、言語に関するこのような固定観念自体を打ち砕くことを目的として発せられたものである。

　では、それに対してどのように三人は答えたのか。いま、最初に出る潙山の場合をみてみよう。潙山は、「和尚さん、いってください」と、百丈に問題を投げ返してしまい、そこで、百丈は、「いってあげてもいいが、将来の修行者たちをだめにしてしまうからなあ」と答えて、問答は終わる。

　何だか互いに答をはぐらかしたようで、「禅問答」というとわけのわからない問答の代名詞のようにいわれるのも無理のないところがある。しかし、決して無責任に答を逃げているわけではない。これがいわば、咽喉と口を塞いで発した言葉、即ち本来語りえないことをあえて語った言葉に他ならない。あたかもここでは日常的な言語のやり取りがなされているようにみえながら、実は発語不能のことを発語する[20]ことにより、日常の言語をはみ出してしまっている。もはや日常的な意味の体系が解体してしまい、その意味において、これはナンセンスの世界だといってよい。このように、言語否定ではなく、まさに言語を使いながら、言語そのものが解体し、言語と言語否定の二元論が崩れてしまうのである。

(20) 注(19)に挙げた趙州無字の「無」も、「仏性がない」という意味の「無」ではなく、「有」とか「無」とかいう意味をもった言語で表現できないことを言おうとしているのである。

悟りのきれいごとではすまない世界を炙り出す禅のラディカリズムは、恐らく仏教としては異端とぎりぎり近いところに位置するものである。しかし、生・老・病・死に追い迫られるこの世界の存在は、そもそも非合理で、ナンセンスである。一見、きれいに割り切れるかにみえる仏教のさまざまな理論も、実はさまざまな破綻や矛盾を抱えている。言語で合理的に説明できることには限界がある。ナーガールジュナの帰謬法が示していたのも、そのことであった。きれいに理屈で割りきれない人生の現実に真向かうところから、仏教を考え直すべきではないだろうか。

7　象徴としての世界

1　神話的世界

大乗経典の神話的言語

前章に述べたように、仏教の流れの中には、きわめて合理的、論理的に無我や無常を説明しようという動向があり、特に後期のインド仏教は、非常に先鋭的な形で認識論や論理学を展開する。

まず、認識に関して、最終的に直接に知覚することと論理的に推理すること[1]の二つしか正しい知識の根拠を認めない。では、認識の正しさはどのように保証されるかというと、効果的作用（アルタ・クリヤー[2]）ということが主張される。これは、認識の正しさは、それによって実際の効用があることによって確定されるというもので、極めてプラグマティックな見方であり、それによって実体論を避けるという仏教の特徴を生かすことになった。その他、言語理論や論理学においても、合理的で、現代の哲学にも通用す

(1) ディグナーガによって、西洋論理学の三段論法に相当する三支作法が確立された。

(2) アルタ・クリヤー（artha-kriyā）の理論はダルマキールティによって確立された。彼によると、アルタクリヤーを持つのは個物のみであり、それのみが実在し、普遍的な概念は実在しないとされる。

るようなすぐれた成果を多く生み出している。しかし、ここではその面にはこれ以上立ち入らず、もう少し別の面から仏教をみてみたい。

今述べたような論理的、合理的な方法論は、ナーガールジュナの場合と同様、その合理性は言語の体系の枠の中で表現され、その外には表現不可能な領域が広がるという形で、言語表現の可能な領域と不可能な領域の二元論に立つ。悟りの世界は言語では表現できないという見方は一般的で、他方、このような表現不可能な領域を認めない立場も可能であるが、その場合でも、言語はあくまで合理的で整合的な体系を持っているものと理解される。

ところが、前章に触れたように、言語は必ずしも常に合理的な整合性を持つわけではなく、ナンセンスであることによって、言語可能と言語不可能の二元論自体を危うくさせるような言語もありうるし、そのことを仏教者もまた気づいていた。

その際、禅の公案《こうあん》のように、端的にナンセンスそのものを投げ出すラディカルな言語もあるが、もう少し論理的な整合性を持ちながら、しかも事実を述べる言語とは違う用法の言語も可能である。それが大乗経典の言語である。それは、一見事実を述べているようにみえながら、実はそうではなく、先に述べたような二元論では割り切れない世界を言語によって表現しているのである。ここではそれを神話的言語と呼ぶことにしたい。神話的言語は、世界の創造や世界の構造について物語るもので、歴史的事実を語る言語と類似しながら、歴史性を超越し、儀礼や信仰において再生されながら、共同体において生き続けていく言語をいう。大乗経典の場合、民族共同体におけるそのような言語とは同一視できないが、広義には神話的言語の中に含めることができる。

　このようにみることによってまた、大乗非仏説論を超えて大乗経典を見直す新しい視点を得ることもできるのではないかと考えられる。すなわち、大乗非仏説論においては、信仰と学問という二元論的な分解によって解決を見出そうとしたが、それでは必ずしも十分な解決になっていなかった。しかしそれを、事実を語る言語ではなく、神話を語る言語であると捉え直すことによって、学問的な操作をとりつつ、その思想的な意義を解釈、評価してゆくことが可能になるのではないかと思われる。

ブッダの神話化

　それでは、大乗経典の核心をどこにみたらよいのであろうか。先にも触れたように、大乗仏教は単一な運動ではなく、したがって、大乗経典にもさまざまな種類があって、一概にはいえないが、少なくとも後世大きな影響を与えた主要な大乗経典の場合、その一つのキーワードはブッダということに求められる。

　部派の仏教では、ブッダは普通の人から隔絶した存在と考えられていたので、直接我々がブッダの世界と関わるという発想は十分に発展しなかった。しかし、それでも、あるいはそれゆえにこそ、超絶した存在としてのブッダについての神話的な言説が発展した。ブッダは通常の人間と相違する超人的な存在と考えられ、三十二相・八《はち》十《じっ》種《しゅ》好《ごう》(3)（三十二の大きな特徴と八十の小さな特徴）という、特殊な身体的な特徴を具えていると考えられるようになった。

また、ブッダは一時代に一人しか存在せず、過去には七人のブッダが現われ（過去七《しち》仏《ぶつ》）、ゴータマ・ブッダはその第七番目であり、第八番目のブッダは現在兜率《とそつ》（都率）天で待機している弥勒《みろく》(4)（マイトレーヤ）が出現することになっている、というようなブッダに関する神話的な規定がなされるようになった。これらは転輪聖王《てんりんじょうおう》と呼ばれる、世界を征服する大王に関する神話を基に作られた規定だと考えられている。それと同時に、ブッダの伝記や前世がさまざまな神話的な記述で彩られるようになり、ブッダの伝記を記した仏伝文学(5)や、ブッダの前世の話を集めたジャータカ(6)（本生話《ほんじょうわ》）が広く読まれるようになった。

多数のブッダと三昧体験

大乗仏教になると、このようなブッダ観を受けながら、それが根本的に大きく転換した。一つは世界構造に関する見方が拡大して、この世界以外の無数の世界を考えることにより、一時代一仏という原則が破られ、同時に多数のブッダの出現を認めることができるようになった。現在他《げんざいた》方仏《ほうぶつ》といわれるもので、その代表が阿弥陀仏(7)である。

また、もう一つ重要な考え方として、我々もブッダと直接に関わりうる可能性が開けてきた。これには二つの方向が考えられる。一つには、他者としてのブッダとの関わり

(3) 両者をあわせて相好《そうごう》という。三十二相はもともと転輪聖王の特徴だったものをブッダに転用した。額に白毫《びゃくごう》がある、舌が顔を覆うほど大きい、足の裏に車輪の模様がある、男根が隠れていて見えない、など、常人と異なる特徴を表わす。

(4) 弥勒（Maitreya）は現在は菩薩であり、やがて仏になることから、菩薩で表わすときと、仏で表わすときがある。弥勒信仰は、現在弥勒がいる兜率天に往生しようという上生信仰と、弥勒がこの世に出現するときを待とうという下生信仰のふたつが生れた。

(5) アシュヴァゴーシャ（馬鳴）の『ブッダ・チャリタ』などが有名。日本では、『過去現在因果経』などがよく知られる。

(6) ジャータカ（Jātaka）は、ブッダが前世で菩薩として修行していたときの善行の話で、パーリ語の小部ニカーヤの中にまとめて入っている他、漢訳でも

である。これには、『法華経』における釈迦仏との関わり、浄土経典における阿弥陀仏との関わりなどが考えられる。もう一つは、ブッダの悟りの世界に直接に参与していくという形であり、これには三昧《さんまい》体験が大きな意味を持った。

三昧（サマーディ(8)）とは瞑想のことで、精神統一の修行を積むことによって、悟りの体験に至ることである。それにももちろん種々の段階が考えられるが、その三昧を通してたとえ不十分なものであってもブッダと同じ、あるいはその一部分の境地が体得できると考えられるようになった。このような方向を推し進めるものに、般若経典や『華厳経』がある。こうして、我々もまたブッダになることができると考えられるようになったが、これは部派の仏教では考えられなかったことである。そして、三昧体験によるブッダの体験的世界への参入という方向を徹底させるところに密教があると考えられる。

2　密教の世界

金剛乗の立場

密教はいわば仏教の中の鬼子であり、異端に接するぎりぎりのところに位置している。無我から空《くう》に至る流れを正統と認めるならば、密教においては現象を超えた世界が実在的に考えられており、なじみがたいところがある。また、密教は従来の仏教が否定的に捉え、その克服を目指してきた人間の欲望に対して積極的に肯定し、大きな役割を与えている。特に性的なシンボルがしばしば用いられ、眉を顰《ひそ》めさせることも稀ではない。

さまざまな形で伝えられ、説話に取り入れられて親しまれた。

（7）阿弥陀仏については、第12章参照。その他、阿閦仏、薬師仏などがよく知られている。

（8）第11章を参照。

それゆえ、密教者自身その危険性を察知し、未熟な人がその教えや実践に入ることを禁じて、修練を積んではじめてその教えを受けることができるとされている。また、密教者は自らの立場を、小乗・大乗と区別される金剛乗《こんごうじょう》であると説いて、その異質性を自ら認めている。

このように密教は異端的な危険性を大きく孕んでいるが、逆にそれゆえにこそ、他の仏教の諸派に欠けている強烈な魅力がある。例えば、仏教がインドのヒンドゥー教、中国の道教、日本の神道などの他宗教と習合し、定着してゆくのに、密教の果たした役割は極めて大きい。それ故、その危険性を十分に認識しながら理解しようとするならば、密教の特性を生かして仏教を豊かなものにしてゆくことも、可能ではないかと思われる。

チベット密教のシンボル言語

なお、密教に関しても、今日、後期インド仏教からチベットへかけての展開が注目されているが、ここでは東アジア系統、特に日本へ伝わった密教を中心に考えてみたい。ちなみに、インド・チベット系の密教においては、その発展をタントラの四段階として説明する。

①所作《しょさ》タントラ――比較的初期に成立した密教の文献で、十分に体系化されずに、所作（儀礼）や呪法を説く。日本でいう雑密《ぞうみつ》に当たる。

②行《ぎょう》タントラ――所作だけでなく瑜伽《ゆが》（ヨーガ）(9)の行法を説く。『大日《だいにち》経』が中心。

(9) ヨーガ（yoga）はもともと結びつけることを意味し、心を統御する修行法のこと。インドでも広く用いられるが、仏教でも瑜伽行唯識派などで修行法として発展した（第8章参照）。密教では、修行者のはたらきを仏のはたらきと一致させ、修行者の潜在能力を発揮させる修行法。

③瑜伽タントラ――所作よりも瑜伽に重点を置く。『金剛頂《こんごうちょう》経』系統。
④無上瑜伽《むじょうゆが》タントラ――瑜伽タントラを超えた最高の教え。東アジアには伝えられず、チベット密教の特徴をなす(10)。

それ以前の仏教と異なる密教の構造を、言語構造の次元で考えるとどうなるであろうか。それは、論理的・分析的な言語とも神話的な言語とも異なる、象徴的、シンボル的な言語と考えることができよう。シンボル、あるいは象徴とは、単なる記号と異なり、ある記号が対象を指示するだけでなく、その対象と内的な連関を持ち、対象そのものがその中に凝集され、シンボルを操作することによってその対象に力を及ぼしうるような、特殊な記号であると考えられる。例えば、古代においては個人の名前にはその人の魂が籠められていて、他人がその名前を口にすると、その人自身を支配したり、呪詛《じゅそ》することもできると考えられたが、そのような特徴を持つのがシンボルである。このようなシンボル的な言語は必ずしも狭義の言語に限らず、心身の行為、さらには集団の行為や社会構造にまで及ぶことがあり、それらを含めて広義の言語ということができる。

また、シンボル的な言語は呪術的な儀礼と密接に結びつくことが多い。呪術は、個人あるいは集団の行為をシンボル的なものとみて、それによって対象に影響を及ぼそうとするものである。しばしばこのようなシンボル操作は原始的な考え方のようにみられ、批判されてきた。確かに非合理的な呪術には危険な要素も多いが、しかし他方、合理的な思考では把握できない何ものかに接近する、極めて有力な武器ともなりうるものであ

(10) いわゆるタントラに説かれる。第3章注(8)参照。

る。

密教の本質も、シンボル的な言語あるいは記号の操作にある。密教によれば、我々の心身はそのままこの世界のシンボルであり、大宇宙に対する小宇宙をなすものと考えられる。それゆえ、小宇宙である我々の心身を操作することによって、大宇宙の真理を把握し、それを操作できると考える。ここにはブラフマンとアートマンの一致を説くインドの正統派の思想の影響がうかがえる。このような思想構造をもう少し詳しくみるために、それを簡潔かつ的確にまとめた空海の『即身成仏義《そくしんじょうぶつぎ》』の体系を取り上げてみよう。

3　密教の体系

『即身成仏義』の体系

空海の『即身成仏義』の体系は、六大《ろくだい》・四曼《しまん》・三密《さんみつ》としてまとめられる。六大というのは、この世界を地・水・火・風・空・識の六つの構成要素の集合体としてみることで、この六大が宇宙の本体とされる。地・水・火・風・空の五つは物質的な要素であり、それに対して識が精神的な要素になる。五大まではインド以来の経典にも出るが、それに精神的な要素である識大を加えて六大としたところに空海の特徴がある。この五大にはさまざまな象徴的な意味が付与されるが、それは院政期の密教改革者で、後に新義真言宗の祖とされる覚鑁《かくばん》によって大成される。[11] 対応関係には諸説あるが、主要なところは以下のとおりである。

(11) 覚鑁の主著『五輪九字明《ごりんくじみょう》秘密釈《ひみつしゃく》』に説かれる。

地	𑖀(a)	方	黄	膝
水	𑖪(va)	円	白	臍
火	𑖨(ra)	三角	赤	胸
風	𑖮(ha)	半月	黒	面
空	𑖏(kha)	団	青	頂

梵字はそれぞれの要素を象徴する文字で、種子《しゅじ》[12]という。五大はまた、輪のように円満に具わっているところから、五輪《ごりん》ともいう。この五輪を形取ったのが墓地などにみられる五輪塔[13]で、いわゆる卒塔婆《そとば》[14]はその略式のものである。五大はまた、修行者の身体に相当する部分を有し、人間の身体もまた宇宙の真理のシンボルとなる。それ故、身体を訓練して、その全能力を発揮させるならば、そのまま宇宙全体の力をはたらかせることになるのである。ちなみに、地大を表わす種子𑖀（a 阿）はあらゆる文字の最初であり、それゆえ万物の根元を表わすものとして、もっとも重要な意味を与えられている。阿字《あじ》本不生《ほんぶしょう》といって、阿字は万物が本来不生不滅であることを表わすとされる。

曼荼羅の宇宙観

次に四曼は四種曼荼羅《ししゅまんだら》のことで、世界の相、すなわち現象的なすがたを表わすものとされる。マンダラ（曼荼羅）という語は、本質を意味するマンダに接尾語のラがついたもの[15]で、「本質を有するもの」の意味であり、六大よりなる宇宙の本質を、感覚的に受け止められるように表現したものが曼荼羅である。この曼荼羅に四種類を立てる。

①大《だい》曼荼羅——普通にいわれる曼荼羅で、図の中に規定にしたがって諸仏や菩薩の

(12) 種子（種字とも書く）の原語はbijākṣara. 唯識説で説かれる「種子」（アーラヤ識に保持された潜在的な意識）と区別するために、唯識の用語は「しゅうじ」と読む。

(13) 五輪塔は次のようになっている。

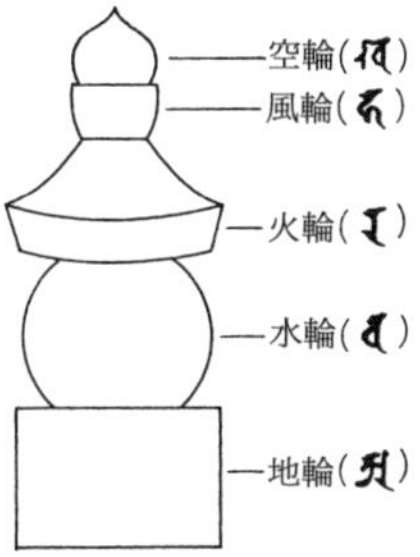

(14) 卒塔婆はサンスクリット語のstūpa（塔）の音写に由来する。

(15) maṇḍala = maṇḍa + la もともと儀礼のために聖域化された場所のこと。

像を描き入れたもの。

②三昧耶《さんまや》曼荼羅――諸仏が持っている法具などにより諸仏・菩薩のはたらきを表わしたもの。

③法《ほう》曼荼羅――種子、すなわち諸仏・菩薩を表わす梵字によって表わしたもの。

④羯磨《かつま》曼荼羅――諸仏・菩薩の活動を示すもので、具体的には立体的な彫像で表わしたもの。

四種曼荼羅は形態的な分類であるが、内容的にも、歴史的にさまざまな曼荼羅が描かれ、最終的な無上瑜伽タントラの時輪《じりん》曼荼羅[16]にまで発展する。しかし、東アジア、特に日本に伝えられた曼荼羅は、胎蔵《たいぞう》・金剛を両部、あるいは両界の曼荼羅[17]とし、それを基本とする。胎蔵（界）曼荼羅[18]は『大日経』の世界を表現するもの、金剛界曼荼羅は『金剛頂経』の世界を表現するものであるが、この二つの経典は本来成立段階を異にしており、それを一対とすることは、空海の師である恵果《けいか》に始まるという。胎蔵曼荼羅は理、すなわち宇宙の真理、または悲、すなわちブッダの慈悲を表わし、それに対して、金剛界曼荼羅は智、すなわち真理を把握する主体の智慧を表わすものとされる。両部はこのようにセットにされることによって、中国の『易』以来の二元論的な発想を受け継ぎ、二項の関係で世界を説明していく道を開くことになった。

胎蔵曼荼羅は、中台八葉院《ちゅうだいはちよういん》を中心に、その周囲を三重の諸院で囲む構成になっている。中台八葉院は八葉の蓮華の中に四方四仏《しほうしぶつ》と四菩薩を描き、中央の大日如来とともに仏の

(16) 父タントラと母タントラを統合する『時輪タントラ』に説かれる。

(17) 両界曼荼羅は、九〇頁の図参照。

(18) 胎蔵曼荼羅はもともと「大悲胎蔵生」（母の胎のような偉大な仏の慈悲から生まれたもの）と呼ばれ、「界」は付いていないが、金剛界との対で、日本では胎蔵界と呼ばれるようになった。

世界を表現する。八葉の蓮華は人間の心臓を表わし、それゆえ、万物の核心を表わす。胎蔵界の四仏は西・無量寿如来、南・開敷華王《かいふけおう》如来、東・宝幢《ほうどう》如来、北・天鼓雷音《てんくらいおん》如来で、四菩薩は、西南・文殊《もんじゅ》、東南・普賢《ふげん》、東北・弥勒《みろく》、西北・観音の諸菩薩である。胎蔵曼荼羅はこの中台八葉院を中心に、同心円的に展開する十二院からなるが、そのもっとも外側の外金剛部院《げこんごうぶいん》にはさまざまなインドの神々が集められ、単なる仏・菩薩だけではなく、仏教外の神々をも含む壮大な体系をなしている。

　金剛界曼荼羅は平面を九つの四角形に区切り、九つの領域に分けて展開するので、九《く》会《え》曼荼羅とも呼ぶ。金剛界の特徴は、これらの各領域の仏・菩薩が月輪《がちりん》の中に描かれるところにあり、その月輪は仏の智慧《ちえ》を表わす。九会のいちばん中心にあるのは成身会《じょうじんえ》で、そこには主要な仏・菩薩が三十七尊配置されている。その中心となるのは、大日如来を中心とし、東・阿閦《あしゅく》、南・宝生《ほうしょう》、西・阿弥陀、北・不空成就《ふくうじょうじゅ》の五仏で、この五仏は大日如来の五つの智慧を象徴するものとされる。すなわち、この順でそれぞれ法界体性智《ほっかいたいしょうち》・大円鏡智《だいえんきょうち》・平等性智《びょうどうしょうち》・妙観察智《みょうかんざっち》・成所作智《じょうしょさち》を表わすとされる。この五智《ごち》のうち、法界体性智を除く四智は、次章で述べるように、唯識説で説くもので、我々の迷いの識を転じて得られる智慧であり、それに根本となる法界体性智を加えたものが五智であり、この五智・五仏はまた、五大とも対応づけられる。成身会の五仏は五智に対応することから、五智如来ともいわれる。

　以上のように、曼荼羅は感覚的な表象を用いて、この世界を仏・菩薩の世界として描

胎蔵(界)曼荼羅

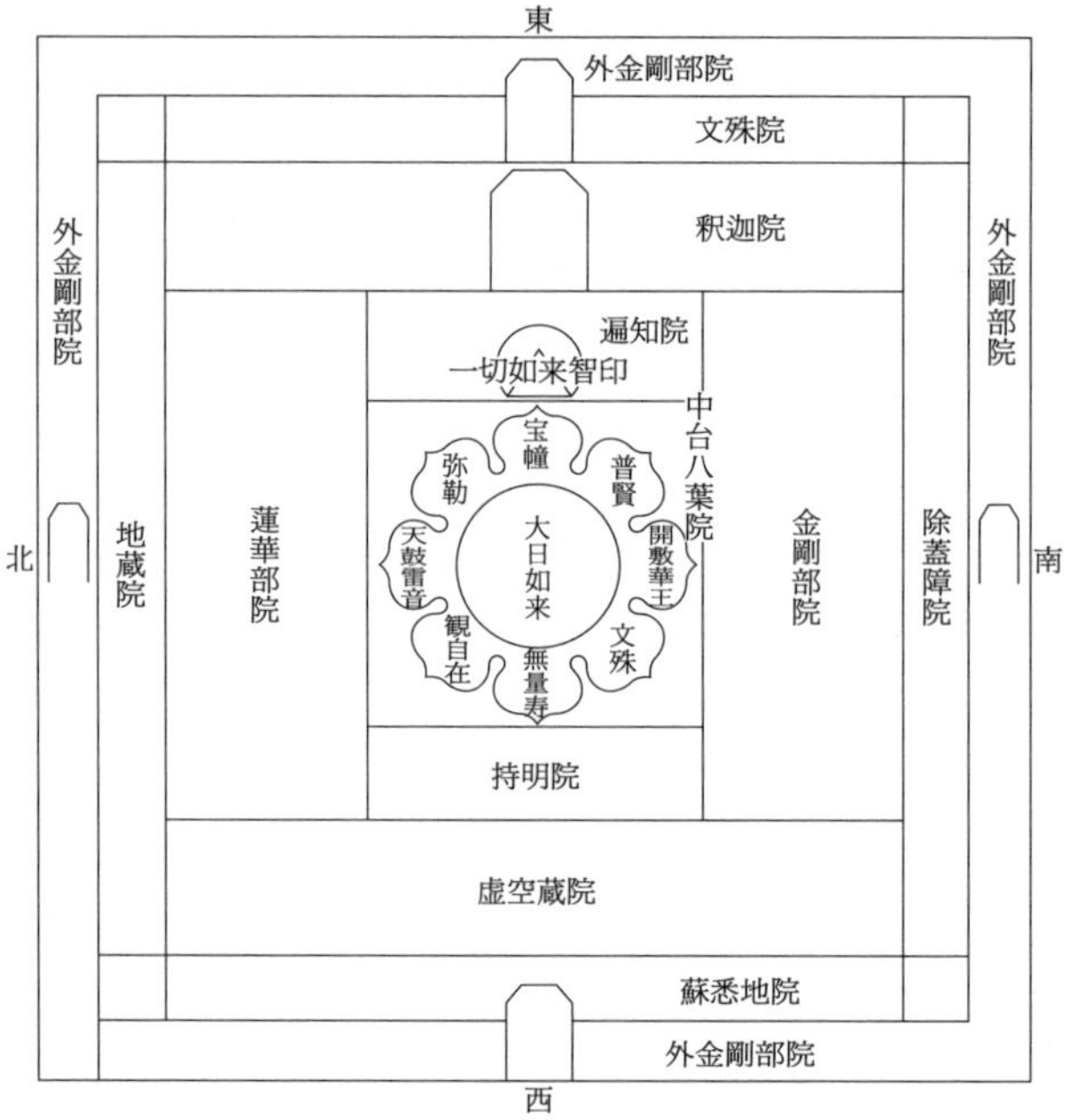

金剛界曼荼羅

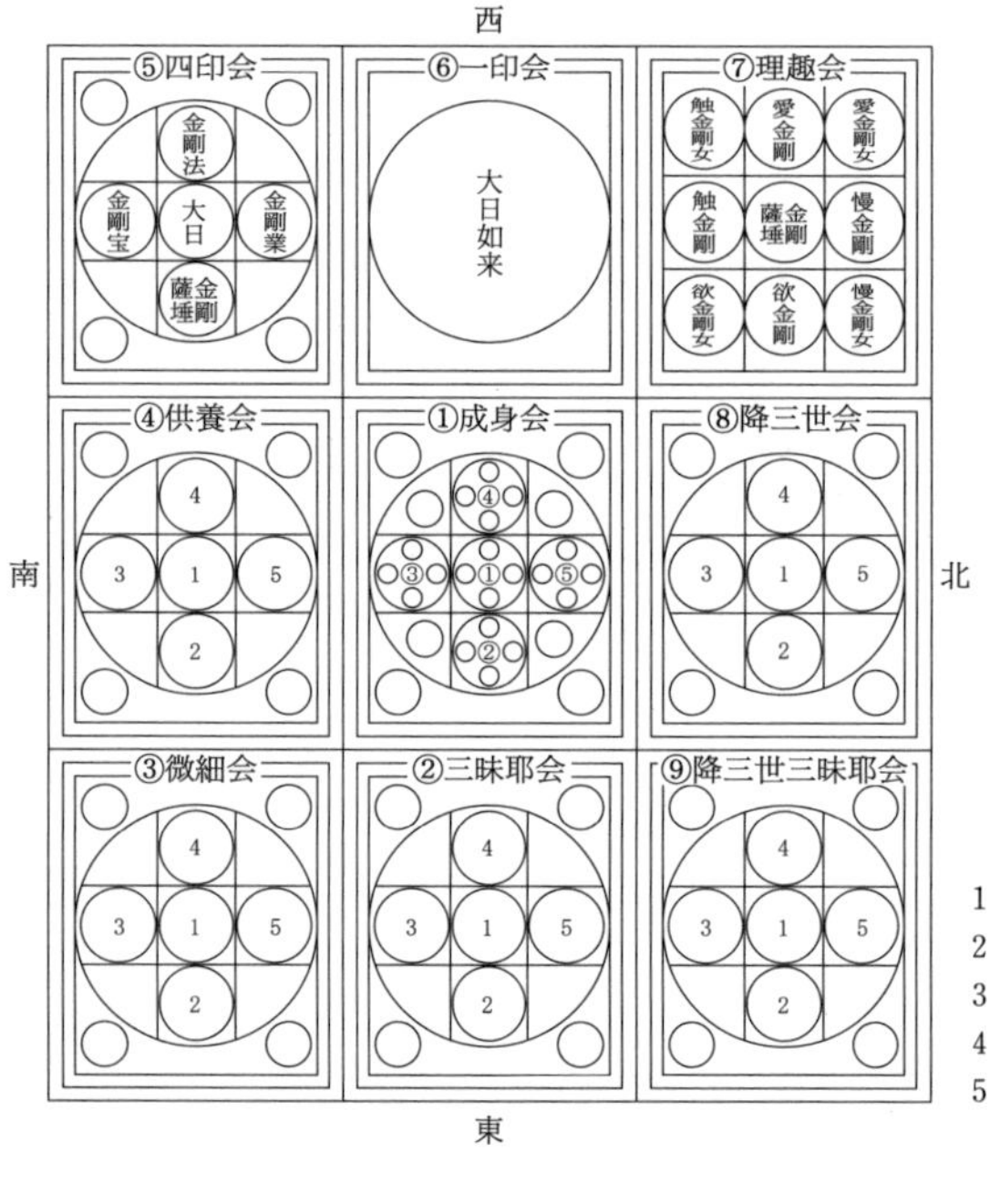

1　大日如来
2　阿閦如来
3　宝生如来
4　阿弥陀如来
5　不空成就如来

き出すが、注意すべきは、図として描き出されたものだけが曼荼羅ではなく、我々の身心の存在もまた一つの小さな曼荼羅であり、さらに六大の世界そのものもまた大きな曼荼羅なのである。描かれた曼荼羅をなかだちとして、ここでも大宇宙と小宇宙が対応する。

三密と密教の意義

三密《さんみつ》は、六大・四曼の体系を背景に、具体的に我々がその大宇宙と一体化する方法を述べたものである。三密というのは、身《しん》・口《く》（語）・意《い》の三業《さんごう》のことであるが、それが仏のはたらきと一体になって秘密のはたらきを示すことから、三密といわれる。具体的には、身密は手で印契《いんげい》（印相《いんぞう》）[19]を結ぶ。印契というのは、両手とその指で特定の形を示し、それによって仏のはたらきを示そうというものである。語密は、口で真言《しんごん》（マントラ）を唱える。真言は呪《じゅ》とも訳され、諸仏のはたらきを象徴する言葉で、通常サンスクリット語の音写をそのまま用いる。意密は、心において諸仏と等しい三昧に入ることである。これら三密のはたらきによって諸仏と修行者の一体化がなされ、かくて即身成仏が実現するというのである。

　以上のように、密教は壮大な象徴論的な世界論、宇宙論を展開し、その世界と一体化するところに即身成仏の実現をみようとする。それは世界を実在視する点において、また、感覚的、官能的な存在に価値を認める点などにおいて、仏教の中でも極めて異端的

（19）印契の原語は mudrā. 説法印・禅定印・降魔印・施無畏印・与願印などがある。

な位置に立ち、特に感覚的、官能的なものの重視は、男女の性的な結合にも価値を与えるようになった。

この傾向は特に後期インドからチベットの密教において発展するが、東アジアにも『理《り》趣《しゅ》経』[20]を通して入ってきた。人間の欲望を積極的に認め、その中に新たな価値を見出していこうとする姿勢は、仏教としては異端的ではあるが、そこには深い人間洞察があるように思われる。先にも述べたように、密教をそれだけ切り離してみるとき、極めて危険な要素が少なくないが、それを他の仏教の思想との緊張関係においてみるとき、他の仏教諸派に欠けた重要な要素を補ってくれるところがあるように思われる。

(20)『理趣経』では、十七清浄句において、人間の欲望を悟りへと転ずることを説くが、そこに性的快楽を肯定するような理解が可能なところがある。

8　心の深層

1　三界唯心

出発点としての『華厳経』

　これまで言語に焦点を当てながら基本的な存在論の問題を考えてきた。その中で人間の問題がどのように捉えられるかを、これからみてゆきたい。仏教では、精神と身体、あるいは精神と物質を絶対的に対立するものとみるのではなく、五蘊《ごうん》の体系にみられるように、それらを同一レヴェルにおいてみ、総合しようと志すが、いずれかというと精神的な面、心の問題が中心になる。煩悩によって汚れた心を浄らかにしてゆくところに、悟りへの道が開けてくるものと考えるのである。

　アビダルマ仏教でも心の分析は非常に重要な位置を占めているが、このような傾向は大乗仏教でも受け継がれ、心をめぐる議論は一層進展する。大乗における心の議論の出発点をなすのは『華《け》厳《ごん》経』である。『華厳経』は、ゴータマ・ブッダが悟りを開いた直後、ブッダの悟りの心の風景を描き出すという形で展開されるが、その中でももっとも有名なのは、十地品《じゅうじぼん》(1)の第六現前地《ぜんぜんち》に出る三界唯心《さんがいゆいしん》の説である。十地品は菩薩の修行を十の段階(2)（十地）に分けてその進展の過程を示すもので、『華厳経』の中でももっとも重要な個所であるが、そのうち、第六現前地で三界唯心が説かれる。第六現前地は、修行を進めて一応の成果に達した境地であるが、ここでは十二縁起を観察すべきことを説き、その上で、十二縁起はあくまで実体を持たず、その一々の項は縁が集まれば成り立ち、縁がばらばらになればなくなるものだとして、「三界は虚妄《こもう》にして、但《た》だ是れ一心の作るところなり。十二縁分は是れ皆な心に依る」と説いている。

三界というのは、欲《よく》界（欲望に満ちた領域）、色《しき》界（欲望はなくなったが、まだ物質的な要素の残る領域）、無色《むしき》界（物質的な要素がすべてなくなった純粋に精神的な領域）の三つで、実質的には全世界というのと同じであるから、この全世界はすべて心の作ったものだということになり、このような説は唯心論と呼ばれる。日本では、「三界唯一心《さんがいゆいいっしん》、心《しん》外《げ》無《む》別法《べっぽう》」（三界は唯《た》だ一心にして、心の外に別の法なし）という言い方で知られ、文字通り心の外に何もなく、外界は心の作ったものだという観念論を表現したものと解される。しかし、もともとそこまで極端なことをいっているのではなく、人間の迷いや苦しみが心に基づいているというもので、原始仏教以来いわれていることである。やがてその説が理論的に拡大解釈されて、全世界が心の作ったものだという方向に展開してゆくのである。

（1）『華厳経』全体の梵本は現存しないが、十地品にあたる『十地経』と、入法界品《にゅうほっかいぼん》にあたる『ガンダ・ヴューハ』(Gaṇḍa-vyūha) のみは独立の経典として梵本が存在し、インドで成立していたことが明らかである。入法界品は善財童子《ぜんざいどうじ》の遍歴を説いていて、有名。

（2）十地のうち、第六現前地の他、第一の歓喜地は、はじめて真理を体得した歓喜にあふれた段階として重要。

心を見る二つの方向

ところで、この場合の心は迷いのもととなるものであるが、同時にそれを正しく知ることが悟りの原点ともなるから、その心は悟りのもとになる心ともいえる。そこで、以後の展開において、根本になる心を迷いの原理となる心とみるか、それとも悟りの原理となる心とみるか、二つの方向が分かれることになる。前者はいわば悲観論ともいうべきもので、我々の心は常に迷いを生み出し、それを転換させなければ悟りに至ることはできないとする。後者は楽観論ともいうべきもので、我々の内なる悟りの心を伸ばしていけば、自ずから悟りに至るとする。

インドにおいて、前者の立場は唯識説として展開し、後者の立場は如来蔵《にょらいぞう》・仏性《ぶっしょう》説として展開する。東アジアでは、如来蔵・仏性系の思想を受けて、全体的に後者の立場が強くなる。その面をもっとも強く展開させるのが中国の華厳宗で、そこでは「三界唯一心」という場合の心は、我々の日常の心を超えた絶対的、宇宙的な心と解されるようになる[3]。それに対して、天台宗では我々の日常の心の分析という観点から分析を進めてゆく。本章では、我々の日常の心の分析を進めた唯識説と天台の説を中心に検討してみたい。

（3）とりわけ、華厳宗第四祖の澄観、第五祖の宗密においてその傾向が著しく、それは禅とも結びつくことになる。

2　唯識説

ヨーガから生まれる

唯識《ゆいしき》派は、インドの大乗仏教で中観《ちゅうがん》派と並ぶ二大学派として知られるが、その中心である唯識説は二つの要素からなっている。第一は、外界の実在を否定して、識のみに還元するという説であり、第二は、その識の根源にアーラヤ識（阿頼耶《あらや》識）という識を立てるアーラヤ識根源論である。

識（ヴィジュニャーナ）というのは、対象を識別し、認識するはたらきをいう。五蘊《ごうん》の体系では五番目に数えられ、すべての認識を統合するという重要な役割を与えられていた。十八界の体系では認識器官と対象の接触において認識を生ずる重要な役割を果たすのが識で、その際、認識器官と対象がそれぞれ六種類挙げられるのに対して、識にも六種類が立てられる。すなわち、それぞれの認識器官に対応して、眼《げん》識・耳《に》識・鼻《び》識・舌《ぜっ》識・身《しん》識・意《い》識の六つで、最後の意識は、意（心）[4]がその対象であるダルマ（法）と関わる際の認識作用である。

ところで、唯識派は瑜《ゆ》伽行《がぎょう》派とも呼ばれる。瑜伽というのはヨーガ[5]の音写で、精神を集中させる修行法をいい、サマーディ（三昧《さんまい》）やディヤーナ（禅）などと近似して用いられる。瑜伽行派は、もともとヨーガの瞑想の修行を積極的に実践するグループであったので、唯識説もそのような実践から生まれたものであり、決して思弁的な分析からの

（4）心を意味する語としては、心（citta）がもっとも一般的で、「三界唯心」のときもcittaが用いられている。他に、意（manas）、識（vijñāna）など、もともとは必ずしも厳密な区別はなかったが、唯識派では、cittaは第八識、manasは第七識、vijñānaは前六識として、区別することがある。

（5）ヨーガについては、第7章注（9）参照。

み出てきたものではない。ヨーガは、自分の心を統制下に置き、コントロールすることが中心であるから、このように心を重視するヨーガの行から発展して、唯識説を説き、外界の非実在を主張するようになったと考えられる。(6)

認識なくして実在なし

さて、まず外界の実在を否定するという説を考えてみよう。唯識派は、我々が実在すると考えている外界は、実は夢の中の存在のようなもので実在せず、すべては識の現われであると説く。唯識派の三性《さんしょう》説のうち、第二の依《え》他《た》起性《きしょう》は、具体的には外界の実在を否定して識に還元することである。(7) 外界の実在を否定するというと、一種の独我論に陥るのではないかと考えられ、実際そのような傾向がないわけではないが、本来の唯識説の意図するところはそうではない。三性説からも分かるように、唯識派の外界否定は空《くう》の思想の徹底を図るという意図を持っていた。

もともと空の思想も、原始仏教の無我の思想を受けて外界に実体的な実在があることを否定し、現象のみを認めるのであるが、唯識説もその点では全く同じで、外界が実体的に実在するということを否定するだけで、現象として現われていることを否定するわけではない。識というと何か実在的なもののように考えられる面がないわけではないが、むしろ本来は認識のはたらきであり、そのはたらきを離れて実体があるわけではない。フッサールの現象学が意識の構造を分析し、そこに主体の側のノエシスと対象の側のノ

(6) もともと瑜伽行派は実践的なグループから生まれてきたものであるが、無著・世親によって哲学的な唯心論が推し進められた。とりわけ東アジアでは、世親の『唯識三十頌』に対するダルマパーラ（護法）の解釈を中心とした『成唯識論』が正統とされたが、その解釈は思弁的で唯心論的な傾向が著しいものであった。

(7) ただし、このような解釈は三性説の本来の意味とは異なっている。第6章注（17）参照。

エマを考えるのと似ている。[8] 実際にはたらいている認識という作用を離れて、実体的な実在は何もない、というのが唯識説の意味するところである。

アーラヤ識とマナ識

ところで、このような認識は具体的には先に述べたように六つの識としてはたらく。しかし、例えば私たちは眠って起きても、すなわち認識の中断があっても、眠る以前との連続性をたやすく自覚できる。とすれば、認識が中断している間も何らかの連続性が保証されていなければならない。この連続性を作るのがアーラヤ識[9]（阿頼耶《あらや》識）である。アーラヤ識は、表面で活動している識のはたらきの背後にあって、それを無意識の領域において支えている重要な役割を果たしており、フロイトの無意識とも較べられる。

識の顕在的なはたらきを現行《げんぎょう》と呼ぶが、現行の識はその結果として生ずる影響力をアーラヤ識に潜在的に保持し、このようにして保持された状態を種子《しゅうじ》と呼ぶ。そして、このように現行が種子にその影響力を残すことを薫習《くんじゅう》[10]と呼ぶ。種子はさらに新たな種子を生んで無意識下で連続し、それが縁を得て新たな現行を生ずる。[11] アーラヤ識はこのように種子を蔵しておくはたらきをするので、蔵識《ぞうしき》とも呼ばれる。

アーラヤ識の説は、認識論的な問題に留まらず、煩悩の問題や業《ごう》と輪廻《りんね》の問題にまで広がる大きな適用範囲を持っているが、アーラヤ識自体は煩悩によって汚されていないとされる。では、どこから煩悩が生ずるかというと、このアーラヤ識に対して執着を起

(8) フッサールは、実体論を避けて意識の現象を分析しようとしたが、その際、意味を与える意識のはたらきをノエシス、ノエシスによって把握される意識の対象をノエマと呼んだ。

(9) アーラヤ識の原語は ālaya-vijñāna で、ālaya は、もともと住居の意。旧訳では、阿梨耶識。

(10) 薫習の原語は vāsanā. 香を衣に染み付けるように、行為がその影響力を残すこと。

(11) 現行→種子を現行熏種子、種子→種子を種子生種子、種子→現行を種子生現行という。

こす自我意識の存在が考えられる。これをマナ識（マナス・意・末《ま》那《な》識）と呼ぶ。本来実体のないアーラヤ識を、あたかも実体があるかのように執着することにより、このマナ識のはたらきがさまざまな煩悩を生むが、このマナ識のはたらきもまた無意識状態にあるために、煩悩は無意識のうちに持続し、積み重ねられ、私たちはますます迷いの世界に深くはまり込んでゆくのである。

　マナ識はアーラヤ識よりも遅れて理論化されたが、それによって唯識説独自の八識説が完成する。八識とは、顕在化したはじめの六識に、潜在的な識として第七識マナ識、第八識アーラヤ識を加えたものである。はじめの六識のうちでも、前五識はそれぞれ眼・耳・鼻・舌・身という感覚器官による認識のはたらきであるが、第六の意識は心的な対象認識であると同時に、前五識の認識を統括するはたらきを持つので、やや機能が異なっている。こうして、前五識・第六意識・第七マナ識・第八アーラヤ識という識の階層構造が形成され、それによって我々の認識と同時に、煩悩の問題をも説明しようというのが唯識説である。

悟りへの道

　ところで、このようにして煩悩による迷いの世界の構造が解明されるが、では、そこから脱して悟りを得ることはどのようにして可能であろうか。それには単に顕在化した煩悩を滅してゆくだけではだめで、無意識下に潜在的に蓄積された煩悩まですべて排除しなければならないから、膨大な時間と努力が必要とされる。部派《ぶは》仏教やそれを受けた大乗仏教において、一般にボサツの修行は三阿僧祇劫《さんあそうぎこう》という長い時間を要するとされる。阿僧祇（アサンキャ）も劫（カルパ）も無限に近い大きな数や時間の単位[12]で、それだけの期間、輪廻を繰り返しながら修行を続けてゆき、煩悩がすべて滅せられてブッダとなることができるのである。その際、それまでは迷いの輪廻の存在を支えていた八つの識は、転換してブッダの智慧《ちえ》となる（転識得智《てんじきとくち》）。その際、転換して得られる智慧が四智で、密教に関して述べた五智[13]のうちの、法界体性智《ほっかいたいしょうち》を除いたものである。

アーラヤ識――大円鏡智《だいえんきょうち》（鏡のようにすべてをありのままに映し出す智慧）
マナ識――平等性智《びょうどうしょうち》（すべてのものの平等が体得される智慧）
第六識――妙観察智《みょうかんざっち》（万物を正しく観察する智慧）
前五識――成所作智《じょうしょさち》（万物の活動を正しく成就させる智慧）

このように、煩悩を生み出すもととなっていた識が、最終段階ではそっくり悟りの智慧に転換するのである。

以上のように、唯識説は私たちの心の奥底に根差した無意識の愚かさや煩悩を厳しく見つめ、体系化していくところに大きな特徴がある。

3　天台の止観

『摩訶止観』の体系

(12) 阿僧祇（asaṃkhya）は、「数え切れない」意で、無限に近い数の単位。劫（kalpa）は、長大な時間の単位。例えば、四十里四方の石を、百年に一度天人が衣で撫で、その石が摩滅しても、劫は尽きないとされる。

(13) 五智については、八九頁参照。

東アジアにおいて、私たちの心の深層まで分析を進めたのは天台の止観《しかん》の考え方である。天台の理論は『法華経』を中心に展開されるが、その実践には止観という方法が用いられる。止観もまたヨーガと同じように、もともと精神を安定させる修行法で、インドに由来する。「止」と「観」でセットになっており、「止」は心のはたらきを静めること、「観」はそうして静められた心で対象を正しく観察することである。(14)

天台宗を開いた智顗《ちぎ》は、そのような止観の方法を中心的な修行法として採用し、それを極めて体系的に論述した。それが『摩訶止観《まかしかん》』としてまとめられたもので、智顗の講義を弟子の灌頂《かんじょう》が筆記したものである。『摩訶止観』の体系は全体で十章からなるが、実は未完成で、第七章の途中までで終わっている。もっとも、第八章以後は修行の結果得られる悟りの境地を説くところなので、はじめからその部分は説くつもりがなかったとも考えられる。

さて、この十章（実際には七章）の体系のうち、もっとも大きくスペースを取り、また重要な位置を占めるのが第七章の正修止観《しょうしゅうしかん》（正しく止観を修する）であり、いわばそれが『摩訶止観』の本論といってよい。ここでは十種の対象（十境《じっきょう》）(15)を観察することを説くが、そのうち、第一は陰界入《おんかいにゅう》で、五蘊《うん》・十二処《しょ》・十八界《かい》のことである（「陰」「入」は「蘊」「処」の旧訳《くやく》）。我々の心が日常的に対象を取って活動しているすがたのことで、十種の対象について説くうち、半分の分量をこの第一に費やしている。したがって、十種の対象は実際にはこの第一が中心であり、第二以下は心の特殊な状態で、止観の行が進

(14) 南伝の上座部仏教でも、「止」(samatha) と「観」(vipassanā) が用いられる。

(15) 十境は、陰界入・煩悩・病患・業相・魔事・禅定・諸見・増上慢・二乗・菩薩であるが、増上慢以下は説かれていない。

んでいく過程で生ずるさまざまな障害を取り除くために、その障害となる心の状態をしっかりと観察することが勧められる。例えば、煩悩や病気が起これば、そこから無理に抜け出そうとするのでなく、その煩悩や病気そのものをじっくりと見据えて、それによってそれらを克服しようというのである。

一念三千の理論

さて、十種の対象を観察するには、またそれぞれ十段階が立てられる。これを十乗《じゅうじょう》観法《かんぽう》(16)というが、この場合も第一の対象の不思議な状態を観察すること（観不思議境《かんふしぎきょう》）が中心である。それゆえ、十種の対象の中の第一の陰入界を観ずる中の観不思議境がもっとも重要であり、ここで有名な一念三千《いちねんさんぜん》の理論が展開される。一念三千というのは、私たちのわずかな心のはたらきの中に、実はこの宇宙のありとあらゆるはたらきが含まれているのだ、という理論で、それ故、外に真理を求めるのでなく、この今の私の心を深く突き詰めていけば、全世界の真理に達するというものである。

具体的に三千とは何かというと、十界×十界で百界、そのそれぞれが十如是《じゅうにょぜ》を具えているので千如是、さらにそれぞれが三種世間《さんしゅせけん》を具えているので三千になる。まず十界《じっかい》（十法界）とは、生あるもの（衆生）が輪廻する六つの領域（六道《ろくどう》。地獄・餓鬼・畜生・修羅・人《にん》・天）に、修行して達せられる四つの領域（声聞《しょうもん》・縁覚《えんがく》・菩薩・仏）を加えたものである。

（16）十乗観法は観不思議境（思議できない対境を観察する）・発真正菩提心《ほっしんしょうぼだいしん》（真正の菩提心を発す）・善巧安心《ぜんぎょうあんじん》（心を安定させる）・破《は》法遍《ほうへん》（すべてのものに対する執着を徹底的に破す）などの十種。

天台によると、この十界が相互にばらばらにあるのではなく、十界のそれぞれは他の九界をその中に含み込んでいるという（十界互具《じっかいごぐ》）。地獄にも十界が含まれ、したがって、その中にも仏の要素があり、逆に、仏に達しても、その中に地獄の要素がなおあるという。そうでなければ、地獄の存在がやがて成仏する可能性は閉ざされるし、また、仏が地獄の存在を理解することはできなくなってしまう。私たちの一瞬のわずかな心のはたらきの中にも、このように地獄から仏までの十界が含まれているのである。ちなみに、後世の天台教学では、このように仏の中にも地獄の要素があるという説を性《しょう》悪《あく》説と呼び、天台教学の特徴として重視するようになる。(17)

次に十如是というのは、『法華経』に基づいて立てられる十の範疇で、相《そう》（性質）・性《しょう》（本質）・体《たい》（本体）・力《りき》（潜在力）・作《さ》（作用）・因《いん》（原因）・縁《えん》（条件）・果《か》（結果）・報《ほう》（果報）・本末究竟等《ほんまつくきょうとう》（先の九つが究極的に無差別平等であること）という十のあり方が、そのまま如是、すなわち真実のあり方をしているということである。百界がそれぞれこれらの範疇を具しているところから千如是になり、それがそれぞれ三種世間を具えているので三千になる。三種世間とは、この現象世界の存在を三種類に分けたもので、五陰世間《ごおんせけん》（構成要素である五陰〔五蘊〕）・衆生世間（主体となる生あるもの）・国土世間（衆生が存在する環境）の三つである。一念三千は、これら世界の一切が、私たちのごくわずかな心の動きの中にすべて含まれているというのである。(18)

（17）宋代の天台において、華厳の影響を受けた一派（山外《さんがい》派）は、心の根本は清浄なものであると主張したが、知礼らはそれを批判し山家《さんげ》派と呼ばれ、正統派とされた。その立場で、仏にも地獄の要素があるという性悪《しょうあく》説が主張された。この論争は山家・山外論争と呼ばれる。なお、十界互具を主張する天台の立場は性具《しょうぐ》説と呼ばれ、清浄な一心から世界が展開するという華厳の説は性起《しょうき》説と呼ばれる。

（18）心を観ずる天台の方法には、一心三観もある。これは、心に空・仮・中の三つの真理（三諦。第6章注（12）参照）を観ずるものである。

悟りの実現

このように、天台の止観は、私たちの心の中に含まれているさまざまな要素、すばらしい仏のような一面も、また醜い地獄のような一面も、飾ったり、偽ったりすることなく、あるがままに見据え、心を掘り下げてゆこうというのである。はじめからすべてが含まれているというところからすれば、悟りといっても遠いところにあるのではなく、最初から悟りに足を踏み入れているということができる。天台でも修行の段階を立てるが、究極からすれば、その段階のどこをとっても悟りが実現しているのである。このような考え方を円頓《えんどん》と呼ぶ。

一念三千に関して付言しておくと、このような天台の一念三千論を実際に止観において実践してゆくことは容易でなく、そこから日蓮において新たな展開がなされる。日蓮は、天台の一念三千論を理《り》の一念三千、すなわちいまだ理論的な面に留まっている一念三千論であるとして、それに対して、久遠《くおん》の釈迦、すなわち『法華経』に説かれる永遠の釈迦仏による救済において、一念三千が事実として実現していると考えた。それを事《じ》の一念三千と呼ぶ。そして、その事の一念三千は、「南無妙法蓮華経」という『法華経』の題目の中に籠められているとするのである。日蓮において題目を唱えることが決定的な意味を持つのは、このような根拠によるのである。

9　他者と関わる

1　菩薩の精神

ストゥーパ崇拝と在家信者

これまで、大乗仏教の形成について折りに触れて論じてきたが、ここでもう少しまとめてみたい。戦後の仏教研究の画期を作った平川彰の説[1]によると、大乗仏教の運動は、ストゥーパ（仏塔《ぶっとう》）に集まった在家信者から起こったものと考えられている。ストゥーパというのはブッダの遺骨を祀った建造物で、後には必ずしも遺骨を納めない場合や、仏弟子や高僧を祀る場合もある。塔はストゥーパの音写語で、もともとインドでは土饅頭のように半球型に土を盛り上げたものを、石などで補強したものが原形であり、中国や日本の五重塔などは、その基壇の部分が装飾的に変化したものと考えられている。ブッダの遺骨はシャリーラ（舎利《しゃり》）といい、中国や日本の塔の場合にも、その下には舎利を安置するのが原則であったが、後には経典などを安置するようになった。

（1）平川彰『インド仏教史』上巻（春秋社、一九七四）など参照。

原始仏典によると、ブッダは自らの遺骨の処理を在家者に任せ、修行者は修行に専念するようにと遺言したといい、ブッダが亡くなった後、その遺骨の分配をめぐって争いが起こり、結局遺骨を八つに分けて、それぞれストゥーパを建造して祀ったという（舎《しゃ》利《り》八分《はちぶん》）。このようにストゥーパ崇拝は在家信者と関係が深い。その後、アショーカ王の頃にインド各地にストゥーパが建造され、以後ストゥーパ崇拝は一層盛んになった[2]。

このようにストゥーパの崇拝が盛んになると、それと関連してブッダの伝記や前世の話がさまざまに物語られるようになり、それは大乗仏教に摂取されてゆく。平川説のポイントは、このようなストゥーパを中心とする在家信者の信仰運動の盛り上がりが大乗仏教を産んだとするところで、氏によれば、それは部派の仏教とは異なる源泉を持ち、大乗仏教徒は部派に所属せずに、独自の組織を持っていたとされる。

平川彰説の検討

平川説は初期の大乗仏教の活発な創造力を見事に説明していて、広く受け入れられてきたが、最近それに対する批判がさまざまな形でなされるようになってきた。その主要な論点は以下のようなものである。

(1)大乗経典には部派の教理を下敷きにしたところが多く、部派と無関係にできたとは考えられず、また、専門的な素養のない存家者には不可能と考えられる。

(2)ストゥーパに関連する寄進者について調べてみると、在家者のみならず出家者も多

（2）古いストゥーパとして、サンチーやバールフトのものが有名。それらの欄楯《らんじゅん》（結界して囲んだ石柵）に仏伝やジャータカなどの物語が彫られ、ブッダ崇拝の古い形態が知られる。

く、ストゥーパ信仰が在家者のみのものとは考えられない。

(3)大乗仏教には独自の教団入門のための戒律が整備されておらず、独自の教団組織を持ったとは考えられない。

これらの理由から、最近では大乗仏教は平川説がいうよりも、もっと部派と関係が深く、また、出家者主導でできたものではないか、と推定されるようになってきている(3)。しかし、だからといって、平川説が完全に否定されるわけでもない。恐らくストゥーパの管理には部派が関わり、出家者が関わっていたであろうが、一般の在家の信者がたくさん参詣し、在家者向けの教えが発展したことは十分に考えられる。また、初期の大乗経典のうちの重要なものは、直ちにストゥーパ信仰から生まれたとはいえないものの、少なくともストゥーパ信仰を意識していることはまちがいない。

「死せるブッダ」から「生けるブッダへ」

恐らく初期の主要な大乗経典は、ストゥーパ信仰から直接ではなく、むしろそれを批判する中から生まれてきたものと思われる。ストゥーパに祀られているのはすでに亡くなったブッダであり、その意味で、それは過去に向いた信仰である。それに対して、大乗経典は永遠のブッダや現在他《げんざいた》方仏《ほうぶつ》などの新たなブッダ観を提示し、それによってブッダは過去の存在ではなく、現在も活動している積極的な方向が開かれるようになった。

現在他方仏については先に触れたが、その代表である阿弥陀仏については後ほど改め

（3）大乗仏教といっても、さまざまな起源を持ち、必ずしも統一的な運動から生まれたものではない。従来の仏教のあり方に満足できない仏教者が起こしたいろいろな改革運動があったと考えられる。はじめて自覚的に「大乗」を名乗ったのは、般若経典である。

て論じたい。永遠のブッダというのは、すでに亡くなってストゥーパに祀られているゴータマ・ブッダに対して、それは仮の姿であって、実は真実のブッダは現在も生きて、永遠に活動しているとするもので、『法華経』に典型的にみられる。(4) また、舎利の崇拝よりも経典の書写や崇拝を勧めることも、大乗経典にはしばしばみられ、それも経典において、ブッダの永遠の生命が受け継がれているとみるからである。(5) いわば「死せるブッダ」より「生けるブッダ」へという転換が、大乗仏教を理解する大きなポイントである。あるいは、死者としてのブッダが、新たに関わるべき他者として立ち現われてきたといってもよい。こうした経典の形成に当たって、恐らく経典を作成し、それを宣伝したのは出家者であろうが、少なくともその宣伝の対象として、在家者が大きな意味を持っていたと考えられる。

菩薩における利他の精神

ところで、大乗仏教のブッダ観のもう一つ重要な特徴は、ブッダが第三者的な特別な存在ではなく、我々自身がブッダになることができるということを認めた点にある。それと関連して菩薩の思想が大きく発展する。菩薩（ボーディサットヴァ）は、もっとも一般的な解釈によると、悟り（ボーディ）を求める衆生《しゅじょう》（サットヴァ）を意味するという。(6) すなわち、究極のブッダの悟りを求めて歩み続けるという修行者の理想像である。菩薩という言葉が現われるのは、大乗仏教が興るよりも前で、仏伝やジャータカの中

（4）『涅槃経』においては、ブッダの永遠性は、仏性として衆生に内在するとされる。

（5）その根底には、口承によって伝えられてきた経典が、書かれたものに変わるという変化があった。それも大乗成立の重要な要因であった。

（6）bodhisattva = bodhi + sattva. 菩提薩埵《ぼだいさった》とも音写する。

で発展してきた。その中でブッダになる以前のブッダのことを菩薩といっている。悟りを開いてはじめてブッダになるわけであるから、厳密にいえばそれまでは同じ人物でもブッダとはいえず、そこで菩薩という呼称が用いられるようになったものと思われる。

菩薩の具体的な修行は六波羅蜜《ろくはらみつ》と呼ばれる。波羅蜜（パーラミター）(7)は最高であること、完成などを意味する。中途半端な実践でなく、その行を徹底的に完全に成し遂げることが波羅蜜である。この波羅蜜に布施《ふせ》・持戒《じかい》・忍辱《にんにく》・精進《しょうじん》・禅定《ぜんじょう》・智慧《ちえ》の六種類があり、そこから六波羅蜜と呼ばれる。布施は与えることで、出家者や教団に財物を寄付することや、貧窮している人に財物を恵むこと、あるいは出家者の側からは、惜しむことなく教えを説くことなどを含む。持戒は戒律を守ること、忍辱は苦難を堪え忍ぶこと、精進はひたすら努力して修行すること、禅定は精神統一の修行、最後の智慧は悟りの智慧の獲得である。この智慧を般若《はんにゃ》（プラジュニャー）という。般若波羅蜜というのはこのことである。

これらの行を完全にマスターしてはじめて菩薩はブッダとなることができる。大乗では誰もがブッダを目標として進むことができるのであるから、菩薩もまた特別な存在ではなく、我々自身がブッダという目標に向かって進んでいくとき、みな菩薩だと解されるようになった。

ところで、布施に典型的にみられるように、菩薩においては自分の利益を求める自利《じり》のほかに、他者の利益をも図ろうとする利他《りた》の精神が重視される。原始仏教以来、慈悲(8)

（7）パーラミターの原語 pāramitā は、もともと parama（最高の）に由来する pārama に抽象名詞を作る tā が付いたのではないかと推測される。しかし、後には pāra(m)（彼岸）＋ ita（到った）と解され、「到彼岸」「度（＝渡）」などと訳される。

（8）「慈」(maitrī) は相手に積極的に利益をもたらすこと（与楽）、「悲」(karuṇā) は相手の不利益を除くこと（抜苦）。

ということが説かれるが、それは必ずしも理論的に必然的なものとして基礎づけられていない。そこではあくまで、自らの悟りが最優先の課題と考えられた。慈悲、あるいは利他の精神は、他者とどう関わるかという問題であり、それが大乗において大きな課題とされたのである。このような利他の強調から、利他の精神を体現する模範的な菩薩像が、崇拝対象として人気を集めるようにもなった。その代表的なものが、観音菩薩であり、さまざまに化身を示しながら、衆生救済のために活躍する神話的な物語を生むことになった。

2 『法華経』の場合

迹門と本門

以下、『法華経』を具体的な例として、大乗経典の思想をうかがうことにしたい。『法華経』は他者と関わるという菩薩の精神をもっともよく表わすとともに、東アジア、特に日本で極めて愛好されてきており、日本の仏教受容を考えるのにも恰好の手掛かりとなる。

『法華経』にはサンスクリット語の原典(9)、チベット語訳、漢訳など各種の言語のものが残されているが、その中でももっとも広く読まれてきたのは、鳩摩《くま》羅什《らじゅう》訳の『妙法蓮華《みょうほうれんげ》経』である。そして、羅什訳の『法華経』は長い間、天台智顗《ちぎ》の解釈(10)に基づいて読まれてきた。その基本は、『法華経』全二八品《ほん》（章）を二部に分け、安楽行品《あんらくぎょうほん》第十四までの

(9)『法華経』の原語は Saddharmapuṇḍarīka で、「白蓮華のような正しい教え」の意。

(10) 天台智顗の『法華経』解釈は、その講義録『法華玄義』『法華文句』に記されている。この二書と『摩訶止観』を併せて、天台三大部という。

前半を迹門《しゃくもん》、従地涌出品《じゅうじゆじゅっぽん》第十五以下の後半を本門《ほんもん》と呼ぶ。そして、迹門の主題は開三《かいさん》顕一《けんいち》、本門の主題は開迹顕本《かいしゃくけんぽん》にあるとする。

迹門の中心思想は開三顕一、あるいは会三帰一《えさんきいち》といわれるが、方便品《ほうべんぽん》第二が中心である。「三」というのは、三乗《さんじょう》（三つの乗り物）のことで、声聞《しょうもん》・縁覚《えんがく》・菩薩《ぼさつ》の三つの道をいう。声聞・縁覚は小乗で、声聞はブッダの教えを聞いて悟る仏弟子、縁覚は特に教えを受けなくても自分で十二縁起の真理を悟る人のことである。それに対して、菩薩はいうまでもなく大乗の修行者である。このように分けて教えを説いてきたけれども、それはすべて方便、すなわちブッダによる衆生救済のための手段であり、最終的にはあらゆる衆生をブッダたらしめようとするのだ、とブッダの真意が明らかにされる。開三顕一の「一」は、すべての衆生がブッダに至るという一乗（唯一の乗り物）のことである。(11)

これに対して、本門の中心は如来寿量品《にょらいじゅりょうほん》第十六で、そこでは久遠実成《くおんじつじょう》のブッダが姿を現わす。久遠実成というのは、永遠の昔に成仏したということで、実はブッダガヤーで悟りを開いたのはブッダの仮の姿で、真実は永遠の昔にブッダは完成に達していたというのである。しかし、いきなりそういっても誰も理解できないので、普通の人間の姿を取って、ブッダガヤーで成仏を示したというのである。「本《ほん》」と「迹《しゃく》」というのは、後に日本で本地垂迹《ほんじすいじゃく》などと用いられるように、「本」は本来の根本となるあり方で、それに対して、「迹」は衆生救済のために仮に現われた姿である。「本」は久遠実成のすがたであり、「迹」はブッダガヤーでの成仏の姿である。

(11)　譬喩品では、このことが三界火宅《さんがいかたく》の譬喩によって説かれる。長者の家が火事になったとき、中にいる三人の子どもを外に連れ出して救うために、長者は仮に羊車・鹿車・牛車を与えようと約束した。無事外に連れ出した後で、三人の子どもに大白牛車を与えた、という話である。羊車・鹿車・牛車が三乗、大白牛車が一乗にあたる。

ちなみに、中国で三乗と一乗を論ずる際に、三乗のうちの菩薩乗と一乗の仏乗を同一とみるか、仏乗は菩薩乗と別でより高いものとみるか、二説が分かれた。前者を三車家、後者を四車家と呼ぶ。天台などは四車家である。

『法華経』成立の三段階

以上のように、天台では迹門・本門の二部構成で『法華経』を解釈する。このような伝統的解釈に対して、原典そのものに戻るとき、『法華経』はどのように解釈されるであろうか。近代の原典研究によると、『法華経』は三段階（第一類〜第三類）を経て成立したものと考えられてきた。最近ではこの三段階説に対して疑問が呈されてきており、また、三段階説に従う学者の中でも細かいところでは諸説あるが、大まかに、『法華経』を三部分に分けて論ずるのは、ほぼ適切ではないかと考えられる。

三段階のうち、基本的に薬王《やくおう》菩薩《ぼさつ》本事《ほんじ》品《ぼん》第二十三以下は、第三類の新しい付け足し部分とみられる。この部分では、薬王菩薩の他、妙音《みょうおん》菩薩とか観音菩薩など、個別的な菩薩の信仰などを説いており、もともと独立して行われていた信仰が、『法華経』の中に取り入れられたものであろうと推定される。特にこの中で有名なのは、観世音《かんぜおん》菩薩《ぼさつ》普門《ふもん》品《ぼん》で、ここに観世音（観音）菩薩の信仰が説かれている。

第一類の読み解き

第一類と第二類については、授学無学人記《じゅがくむがくにんき》品《ぼん》第九までで大きく分けることができるのではないかといわれている。[12] 第一類は大まかにいえば智顗の分類の迹門に当たる。そこでは確かに開三顕一というべき内容が説かれているが、もう少し立ち入ると、ブッダの

（12）『法華経』の構成をまとめると、以下の通り。
迹門——序品（1）……安楽行品（14）
本門——従地涌出品（15）……普賢菩薩勧発品（28）
第一類——方便品（2）……授学無学人記品（9）
第二類——序品（1）、法師品（10）……嘱累品（22）
第三類——薬王菩薩本事品（23）……普賢菩薩勧発品（28）

弟子たちが成仏の預言（授記《じゅき》）(13)を受けるという話題が、大きな位置を占めている。ブッダの弟子たちは声聞に当たるが、彼らは自分たちはブッダと異なり、ブッダになることはできないと考えている。これは部派の考え方では当然で、そこでは通常の修行者の最高の理想は阿羅漢《あらかん》と呼ばれ、ブッダからみれば低い段階にしか達することができない。ところが、『法華経』では彼らもブッダになることができると説かれ、シャーリプトラ（舎利弗《しゃりほつ》）などのブッダの有名な弟子たちが皆、成仏の授記を受けて感激する。これは、彼らを声聞の理想と考える部派の仏教に対する痛烈な批判である。

その際、注目されるのは、彼ら仏弟子たちが現世でいきなりブッダの弟子になったのではない、と考えられている点である。例えば、譬喩品《ひゆほん》第三に出るシャーリプトラに対して、ブッダは前世に二万億ものブッダのもとでシャーリプトラを教化し続けていたという。それ故、シャーリプトラは十分にブッダとなることのできる修行を積んでいたのに、それをすっかり忘れて自分は声聞であり、ブッダになることはできないと思い込んでいたのである。それが今、ブッダに改めて教えられ、過去を思い出して、そこで菩薩としての自分のあり方を再確認し、ブッダから授記を受けることができたのである(14)。

これは一種の神話的な物語で、どう解釈するかが問題になるが、長い間の前世からの積み重ねとは、要するに私たちの存在の奥深くに内在しているということである。そして、菩薩であるということは、ここではブッダと無限の過去から、したがって存在の本性として結びついていることに根拠を有している。その事実が、現世での菩薩たること

(13) 授記（vyākaraṇa）は、記別ともいい、仏が修行者に対して将来の成仏を予言し、保証すること。釈迦仏は過去の燃灯仏《ねんとうぶつ》から授記を受けたという。

(14) 以下、第一類の最後の授学無学人記品第九まで、声聞の仏弟子たちが次々と授記を受ける。

を成り立たせ、また、未来の成仏を保証するのである。

先に菩薩とは基本的に他者との関わりを本質とすることを指摘したが、無限の過去からブッダと関わってきたということは、要するに私たちの存在が、必然的にブッダで代表される他者との関わりの中にあるということである。逆に、声聞とは自己の存在を他者との関わりなくして、単独存在として理解する人たちのことである。彼らは自己の存在を単独存在と考えていたのに、実は自己は、すでに他者との関わりの中に巻き込まれていたと発見すること、それが声聞から菩薩への自覚の変化に他ならない。

第二類の実践思想

『法華経』の第一類は、このようにブッダとの関わりという形で、他者との関わりの必然性を説いたものと考えられる。それに対して、第二類は具体的な菩薩の実践を論じている。それは基本的にいえば、『法華経』を信じ、それを広めることによってブッダと関わろうというものである。第一類が、ある意味で大乗仏教の基本的な立場をオープンな形で表明していたのに対して、第二類は、特定の『法華経』信仰の立場を強力に推し進め、それによって阿弥陀仏のような他方世界のブッダではなく、まさにこの現世（娑《しゃ》婆《ば》世界）のブッダである釈迦仏と関わり、そしてこの世界と関わり続けようとする。第二類の冒頭の法師《ほっし》品《ほん》第十では、『法華経』を受持《じゅじ》・読《どく》・誦《じゅ》・解説《げせつ》・書写《しょしゃ》することを、五《ご》種法師行《しゅほっしぎょう》として勧めている。

もう一点重要なことは、第二類においてはブッダの滅後の問題が扱われていることである。ブッダの滅後、直接関わるべき他者としてのブッダの不在の中で、菩薩は一体どうしたらよいのであろうか。その中で、驚くべきことに、死者としてのブッダこそが本当に関わりをもつべき他者として新たに立ち現われる。それが、伝統的な解釈で本門の久遠実成のブッダといわれる存在である。そこに、ストゥーパ信仰を超えた新たなブッダ観が展開する。第十三章で述べる『大般涅槃《だいはつねはん》経』も、同じように死者としてのブッダを出発点として、新たな思想を形成している。

ところで、『法華経』は、ともすれば偏狭なセクト主義を勧めるかのように思われがちで、実際第二類にはそのような傾向がないわけではない。しかし、第二類にあっても、常不軽菩薩品《じょうふきょうぼさつほん》第二十において、常不軽菩薩がどんなに馬鹿にされ迫害されても、あらゆる人が同じくブッダになるのだと信じて、人々を礼拝してやまなかったという話にみられるように、第一類の思想を根底に置きながら、それを実践で示そうというところに、その基本がある。(15) 如来寿量品《にょらいじゅりょうぼん》で説かれる永遠のブッダは、このような菩薩の理想像であり、決して悟り澄ました存在ではなく、もっとも菩薩的な存在として、私たちの存在に関わろうとしているのである。

(15) しかし、このような第二類の思想は従来の菩薩では受け止められないとして、従地涌出《じゅうじゆじゅっ》品《ほん》第十五で、それを受持する新たな菩薩たちが大地より涌き出してくる。この菩薩たちを地涌《じゆ》の菩薩という。日蓮は、自らその地涌の菩薩の指導者である常行菩薩との自覚に達した。

3　『法華経』の展開

日本での圧倒的信仰

『法華経』は東アジア社会の中でも、特に日本で圧倒的な信仰を受けてきた。すでに奈良時代に護国《ごこく》経典の一つとして重視されるとともに、法華《ほっけ》護国寺《ごこくのてら》（国分尼寺）が各地に建造されている。また、奈良時代末期から平安時代初期にかけての民衆仏教の実態を示す『日本霊異記《にほんりょういき》』には、『法華経』に関する霊験譚《れいげんたん》を数多く集めている。この頃の『法華経』信仰は、例えば陀羅尼品《だらにほん》第二十六などにみえるような陀羅尼信仰や、観世音菩薩普門品《ふもんぼん》第二十五にみられる観音信仰などが主要なものであった。

平安初期には最澄《さいちょう》が現われて、『法華経』信仰を理論的に基礎づけようとした。最澄は日本における天台宗の確立者であるが、最澄が紹介した唐代の天台宗は、もともとの智顗《ちぎ》の頃よりも『法華経』を重視する姿勢を一層強めており、最澄もその傾向を受け継ぎ、法相宗の徳一《とくいつ》と論争して、その中で『法華経』の一乗《いちじょう》主義を正面から提示した。

平安時代には、「朝題目、夕念仏」といわれる法華《ほっけ》懺法《せんぼう》(16)や法華八講《はっこう》(17)など、貴族社会の中で『法華経』は定着していく。特に重視されたのは提婆《だいば》達多《だった》品《ほん》第十二で、それというのも、ここでは提婆達多(18)（デーヴァダッタ）という悪人や女性である竜女《りゅうにょ》の成仏(19)が説かれており、『法華経』の中でもとりわけ、その一切成仏《いっさいじょうぶつ》の思想を徹底していると考えられたからである。

(16) 法華懺法は『法華経』に基づいて作られた懺悔法。円仁が将来して、比叡山で朝課として修せられた。

(17) 法華八講は、『法華経』八巻を一巻ずつ講義する法会。一日二座ずつ四日で講ずることが多い。提婆達多品を講ずる第五座がもっとも重視された。

(18) ゴータマの従弟に当たり、出家してゴータマの教団に入ったが、教団分裂を図ったとして、悪人の典型に挙げられる。『法華経』では、その提婆達多も将来成仏すると授記を与えられる。

(19) 竜王の八歳になる娘が、男性に姿を変えて成仏したという（変成男子）。第14章参照。

それと同時に、平安期から持経者《じきょうしゃ》と呼ばれる一群の修行者たちが活躍するようになる。持経者は法師品《ほっしぼん》などの教えに従って『法華経』を信じ、山中などにあって苦行を行い、霊験《れいげん》の力を身につけた修行者をいう。こうした持経者の活動は、『法華験記《ほっけげんき》』と呼ばれる十一世紀の説話集に生き生きと描かれている。他方また、思想的には本覚《ほんがく》思想と呼ばれる、中世の日本天台において展開する独特の思想においても、『法華経』は重要な位置を占める。

日蓮による革新

日蓮の『法華経』信仰も、こうした流れの上に立って理解される。日蓮は特に末法《まっぽう》思想の上に立ち、末法の劣った能力しかない衆生にこそ、もっとも優れた教えが説かれなければならないとして、それこそが『法華経』であると主張する。そして、『法華経』の真髄は『妙法蓮華経《みょうほうれんげきょう》』という経典の題目にすべて籠められていると考え、「南《な》無《む》妙法《みょうほう》蓮華経《れんげきょう》」とその題目を唱えること（唱題《しょうだい》）を勧めた。日蓮は特に『法華経』の第二類の菩薩の実践を重視し、自ら「如来使《にょらいし》」、すなわち如来（ブッダ）の使いであるという自負のもとに、『法華経』信仰に生涯を賭けた。日蓮の思想は鎌倉時代の諸師の中でも、もっとも現世への積極的な関与を示した点で特徴的であるが、これは先に述べたような『法華経』の性格に由来する。『法華経』信仰は日蓮によって新たな段階に入ったということができる。

しかしまた、日蓮の解釈が最終的というわけではない。『法華経』は、今日もう一度新たな目で読み直すことが可能である。先に述べた他者と関わる菩薩という観点もまた、その一つの試みである。長い歴史の中で育まれてきた仏教経典は、まだまだ豊かな可能性を秘めているのである。

10　コミュニティの形成

1　出家と在家

原始仏教以来の教団組織

前章で、大乗の菩薩の理念において、他者との関係ということが原理的に確立すると述べたが、だからといってもちろん、原始仏教以来社会性ということが問題になっていなかったわけではないし、社会道徳が軽視されていたわけでもない。むしろ原始仏教や部派の仏教においては、大乗以上に社会的な共同生活のルールがしっかりしていた。

原始仏教以来の教団組織は、基本的に出家者と在家者からなる。出家者は家庭生活を捨てて修行一筋の道に入り、ブッダの教えにしたがって悟りを目指す人たちで、男性をビクシュ（比丘《びく》）、女性をビクシュニー（比丘尼《びくに》）と呼ぶ。これに対して在家者は、家庭生活を営みながら、ブッダの教えを信じ、道徳的な善行を積み、出家者たちの生活を支える役割をする人たちで、男性をウパーサカ（優婆塞《うばそく》）、女性をウパーシカー（優婆夷《うばい》）

と呼ぶ。比丘・比丘尼・優婆塞・優婆夷を合わせて四衆《ししゅ》と呼ぶ。さらに詳しく分けると、正式に出家修行する人の他に、出家見習い中の人たちがいる。男性はシュラマネーラ（沙弥《しゃみ》）、女性はシュラーマネーリー（沙弥尼《しゃみに》）と呼び、女性の場合、沙弥尼から比丘尼までにさらに一段階あって、シクシャマーナー（式叉摩那《しきしゃまな》）と呼ばれる。先の四衆と合わせて全部で七衆《しちしゅ》と呼ぶ。

守るべき戒律

これらの七衆はそれぞれ守るべき戒律が決められている。戒（シーラ）と律（ヴィナヤ）とはもともと別のもので、戒は習慣という意味で、自発的によい習慣を作ってゆくことであり、律は外から規則を定めたものだといわれる。また、戒は個々の規則の条目であり、それを集めた文献を律と呼ぶ場合もある。(1) 戒・定《じょう》・慧《え》の三つは三学《さんがく》といい、仏教の修行者が学ぶべき三つの中心的なことがらとされる。定は禅定《ぜんじょう》で、精神を集中させ瞑想すること、慧は智慧のことで、理論的な学習を含みつつ、より高度な宗教的な叡智を達成することで、戒はそれらの基礎となるものである。

在家の優婆塞・優婆夷は、ともに五戒《ごかい》を守らなければならない。五戒は、不殺生《ふせつしょう》（殺してはいけない）、不偸盗《ふちゅうとう》（盗んではいけない）・不邪婬《ふじゃいん》（淫らなことをしてはいけない）、不《ふ》妄語《もうご》（嘘を言ってはいけない）・不《ふ》飲酒《おんじゅ》（酒を飲んではいけない）の五つである。在家者は世俗的な生活を行うので、本格的に修行を行い、悟りを開くことができない。それゆえ、

（1）三蔵の一の律蔵。禁止事項の項目を波羅提木叉《はらだいもくしゃ》（prā-timokṣa）といい、それに教団運営規則などを加える。

五戒を守り、善行を積むことによって、来世に天に生まれることが期待され、そうして輪廻しながら、出家修行できる条件が満たされるのを待つのである(2)。

ところが、実際の生活の上では、出家者は戒律によって生活上にさまざまな制約があるので、在家者の援助なしには生活できない。出家者はお金を扱うことができないし、また、労働することが認められないので、在家者によって衣食住の基本的な世話を受けなければならない。こうして、出家者と在家者の分業による協力という体制がとられることになる。出家者は精神的な指導を行う代わりに、在家者から生活の援助を受けるのである。

2　出家者の教団

サンガの構成

次に、出家見習いとしての沙弥・沙弥尼は通常二十歳未満の若い修行者で、十戒をたもつことが義務づけられる。十戒は五戒に加えて、化粧や装身具をやめることと、歌舞を見ないこと、金銀財宝を蓄えないことなどを加えて十とする(3)。女性の場合さらに厳重で、二年間式叉摩那として六つの規則（六法）を守り、ようやく一人前の比丘尼として認められることになる。なお、東アジアでは出家者の教団は国の管理下に置かれるので、沙弥・沙弥尼になるには政府の許可が必要とされた。許可を得て沙弥・沙弥尼となることを得度《とくど》といい、一人前の比丘・比丘尼になることと並んで重視された。

(2) 熱心な信者は、毎月六回（六斎日）、五戒に、装身具をつけず歌舞を見ないこと、高くて広いベッドに寝ないこと、昼をすぎて食事をしないことの三つを加えた八斎戒を守った。

(3) 十戒は、注（2）の八斎戒のうち、装身具をつけないことと歌舞を見ないことを二つに分け、金銀財宝を蓄えないことを加えたもの。

沙弥・沙弥尼、及び式叉摩那としての見習い期間が過ぎ、一人前の修行者として認められると、比丘・比丘尼となる。原始仏教、あるいは部派仏教においては、比丘・比丘尼こそが教団の主体であり、七衆のうち、他の五衆は比丘・比丘尼に従属する。比丘・比丘尼の集団をサンガという。音写して僧、あるいは僧伽《そうぎゃ》という。僧というと、今日では一人一人の出家者のことをいうのが普通だが、元来は、出家者の集団のことである。

サンガはブッダ（仏）、ブッダの教え（ダルマ＝法）とともに、三宝《さんぼう》として重んじられる。

サンガには二種類あり、いまここで現実に集まっている比丘や比丘尼の集団を現前《げんぜん》サンガという。比丘や比丘尼は各地へ分散して、それぞれの土地で修行したり布教したりするので、そのそれぞれのグループが現前サンガになる。現前サンガに対して、出家者全体の集団を四方《しほう》[4]サンガという。インド中、さらには世界中に広がった出家者全体を理念として捉えたもので、悟りを目指して進む修行者の共同体として、構成員はみな平等の資格を持つ。その意味で理想の共同体ということができる。

サンガではこのように平等の構成員によって運営がなされるが、その際、議決は現前サンガの全員一致を原則とし、その決定の儀式をカルマ（羯磨《こんま》）という。簡単な問題の場合、一回提案し、一回議決するだけだが、重要な問題の場合、一回提案し、三回の承認が必要とされる。[5] こうして、サンガは平等であるとともに、争いやいがみ合いをせずに修行に励むことが求められ、これを和合僧《わごうそう》という。

（4）四方（cāturdiśa）を音写して招提《しょうだい》という。唐招提寺の名称はここに由来する。

（5）一回提案して一回議決するのを白二羯磨《びゃくにこんま》、一回提案して三回議決するのを白四羯磨《びゃくしこんま》と呼ぶ。なお、羯磨の原語の **karman** は通常は行為の意で「業」と訳される。羯磨は天台宗系では「かつま」と読む。

入門儀礼

ところで、集団にとって重要なことは、どのようにして新しい構成員を迎えるかということと、どのように集団を維持していくかということである。第一の点は、どのようにして一人前の比丘・比丘尼を誕生させるかということである。比丘・比丘尼は戒律を守ることによって、はじめてサンガの共同生活に加わることができるので、入門儀礼は戒律を守ることを誓う儀式になる。これを授戒《じゅかい》(6)あるいは受ける側から受戒《じゅかい》という。部派によって比丘・比丘尼の守るべき戒律の条目は多少異なるが、東アジアで用いる法蔵部の『四分律《しぶんりつ》』によると、通常比丘は二百五十戒、比丘尼は約三百五十戒の条目を守らなければならない。これを具足戒《ぐそくかい》と呼ぶ。

もっとも、戒律は最初からこのように複雑に条目が定められていたわけではなく、非常に簡単な規則だけで運営されていたが、次第に和合を乱すような行為が出てきて、ブッダはその度に、新たな戒の条目を制定していったといわれる。守るべき戒の条目のうち、もっとも重大なものは波羅夷《はらい》（パーラージカ）と呼ばれ、それを犯すと教団から追放される。これには殺生《せっしょう》、偸盗《ちゅうとう》、婬《いん》（性行為）、及び悟っていないのに悟ったという大《だい》妄語《もうご》の四つがある。それ以下の条目の違反は、重いものは一定期間の謹慎が課せられ、軽いものは懺悔することによって許される。(7)

(6) 授戒は教団にとって非常に重要な儀礼であるので、慎重になされた。戒和上《かいわじょう》・教授師・羯磨師《こんまし》と七人の証人（三師七証）が必要とされ、白四羯磨により決定された。

(7) 罰則に五種類あり、五篇《ごひん》という。もっとも重い波羅夷(pārājika)の他、以下のものがある。

僧残法——僧伽が審査し、一定期間の謹慎を課す。

波逸提《はいつだい》——複数または一人の比丘の前で告白懺悔する。

提舎尼《だいしゃに》——一人の比丘の前に告白懺悔する。

突吉羅《ときら》——心の中で反省懺悔する。

サンガの生活

　さて、こうして一人前の比丘・比丘尼となり、本格的な修行の生活に入るが、現世の欲望を離れるために、その生活は極めて質素である。四依《しえ》といって、飲食・衣服・臥具・医薬の四つが生活必需品であり、在家者からの供養を受ける。飲食は托鉢《たくはつ》（乞食《こつじき》）によって得たもので、午前中にすませ、午後は一切食べることを許されない。部派によっては肉食を禁じ、東アジアの戒律ではそれに従っているが、他の地域では許される。ただし、サンガに供養する目的で殺すことは禁じられている。衣服は糞掃衣《ふんぞうえ》といい、汚れたぼろ布をつぎはぎしたものを用いる。実際には新しい布を使うが、華美な原色は禁止される。[8] 三衣《さんね》一鉢《いっぱつ》といって、三種類の衣服と食事用の鉢一つだけが、出家者の私有財産である。臥具は原則として野外の樹下に休むことになっており、薬は原則は牛の尿を万病の薬として用いるものとされている。

　このように、極めて簡素な生活が要求され、ブッダ当時の教団はほとんどそれをそのまま実践したと思われるが、後にはその精神に従いながら、次第に変わっていった。例えば、次第に定住する場所が定まり、僧院を建てて共同生活を行うようになっていった。

　サンガの重要な年中行事は安居《あんご》[9] である。もともと通常は、一定の住居を定めず、各地を巡り歩いて修行と布教の活動を行っていたが、インドでは雨季の間は実際上歩き回ることは不可能だし、誤って生き物を踏み殺す可能性も大きいので、その間三カ月は一定の場所に集まって修行に励むことが行われた。これを安居といい、安居の最終日は自恣《じし》

（8）袈裟（kaṣāya）は、その衣服のくすんだ色から名づけられたものであるが、東アジアでは、儀礼用に衣服の上につける長方形の布の形態をとるようになり、次第に華美なものとなった。

（9）インドのような雨季のない東アジアでも、夏季に三カ月の安居を行う。また、禅宗では、夏安居の他、冬にも三カ月の冬安居を行う。

といって、安居の期間の反省会が開かれた。盂蘭盆《うらぼん》(10)というのは東アジアにしかない行事だが、もともと自恣の日にサンガを供養して、その功徳によって苦しんでいる死者を救おうというものである。毎月の定例行事としては、半月に一度、出家者が集まり、戒律の条目を唱えて違反がなかったかどうか確認する布薩《ふさつ》（ウポーサタ(11)）が、重要な儀式である。

(10) 盂蘭盆は、俗語の ullambana の音写であるなど、諸説あるがはっきりしない。旧暦の七月十五日に行われる。

(11) ウポーサタ（uposatha）はパーリ語の形。サンスクリットでは upavāsa. 布薩は俗語の poṣadha の音写と考えられる。

3　大乗仏教と戒律

部派の戒律

時代が下り、生活様式が変化してくると、基本的な精神は維持しても、同じような生活を持続することは困難になる。ブッダが亡くなって百年くらいして教団の分裂が始まるが、一説には、そのきっかけになったのは戒律上の問題で、時代に合わせて戒律の変更を求める進歩派が、従来の慣習を守ろうとする保守派と対立したためだといわれる。

部派時代には主要な部派はそれぞれ独自の戒律を制定し、それに従うことになった。例えば、肉食を認めるかどうか、というのは大きな分かれ目になる。今日まで伝えられている戒律は、パーリ語の上座部のもの、チベット語訳では根本説一切有部《こんぽんせついっさいうぶ》のもの、漢訳には五種類あるが(12)、そのうち、実際に今日まで東アジアで用いられているのは、法蔵部の『四分律』である。

さて、そこで問題になるのは、大乗仏教には独自の戒律があったか、ということであ

(12) 第3章注（7）参照。

る。確かに大乗にも戒はあるが、律蔵として実際上の細かい運用規則まで含むような体系は作られなかった。大乗仏教がもし独立した教団を持ったとすれば、そのための規則が必要だが、それがない以上、独自の教団組織は持ちえなかったと思われる。すなわち、大乗仏教に従う人でも、受戒は部派の戒律に従って受け、教団組織的には部派から分かれることはなかったものと考えられている。

それでは、大乗の戒とはどのようなものかというと、その代表的なものに、瑜伽行《ゆがぎょう》派の初期の代表的な文献である『瑜伽師地論《ゆがしじろん》』などに出る三聚浄戒《さんじゅじょうかい》がある。これは戒のはたらきとして、止悪《しあく》（悪を止める）・修善《しゅぜん》（善を修する）・利他《りた》（他の衆生に利益を与える）の三つがあるとして、摂律儀戒《しょうりつぎかい》・摂善法戒《しょうぜんぼうかい》・摂衆生戒《しょうしゅじょうかい》の三つを立てる。摂律儀戒は戒律の規則を守って悪をなさないというもので、具体的な戒律はこの中に収められる。摂善法戒は積極的にさまざまな善を行うこと、摂衆生戒は衆生のために利益を与えることである。このように、具体的な生活規則としての戒律は摂律儀戒の中に収められ、全体としては具体的な規則ではなく、精神的な態度に関する誓いのようなものになっている。

梵網戒と『四分律』

もう一つ東アジアで用いられた主要な大乗戒に、『梵網経《ぼんもう》』の戒がある。『梵網経』はそれ自体、中国で作られたのではないかとも疑われている問題の多い経典であるが、その中に具体的な戒の条目を挙げている。『梵網経』に説かれるので梵網戒とも呼ばれるが、十の大きな戒と四十八の細かい戒になっており、十重四十八《じゅうじゅうしじゅうはち》軽戒《きょうかい》と呼ばれる。条目の数も具足戒より非常に少ないが、内容的にみても具足戒とはずいぶん違っている。

十重戒の最初の四つは不殺生・不偸盗・不邪婬・不妄語であるが、第五は不飲酒ではなく、酒を売ってはならない（不《ふ》酤《こ》酒《しゅ》）になっており、不飲酒は四十八軽戒(13)の方に入っている。以下、第六は比丘・比丘尼の悪口を言ってはいけない、第七は自分をほめて他人を謗《そし》ってはいけない、第八は物惜しみをしてはいけない、第九は憤《いきどお》ってはいけない、第十は三宝《さんぼう》を謗《そし》ってはいけない、というもので、これらの戒は自分で守るだけでなく、他人にもそのようにさせなければならない。こうしてみると、これらは修行生活上の規則というよりは、菩薩としての精神的な心構えに近い。十重四十八軽戒だけではサンガを運営していくのに不十分であるし、必ずしも出家者向けというわけではなく、むしろ在家者・出家者の両方に適用可能な条目が少なくない。

それゆえインドで大乗戒に従った大乗教団が実際にあったとは考えられない。中国でも、やはり大乗戒だけで授戒し、教団を運営していたということはなかったようである。基本的に授戒は『四分律』に従い、同時に梵網戒も授け、それによって菩薩としての自覚を持つようにしたものと思われる。また、梵網戒が在家者にも共通する要素が大きいところから、在家者に対する授戒にも用いたと考えられる。

もっとも、『四分律』を用いるといっても、インドの風土や習慣に基づく戒律はそのままでは、全く異なる風土や習慣の中国では実践は不可能で、必ずしも文字通り実践さ

(13) 四十八軽戒には、不敬師長戒・不飲酒戒・不食肉戒・不食五辛戒などが入っている。

れたわけではない。例えば、寒い中国では糞掃衣《ふんぞうえ》一枚ではとても寒さがしのげない。また、たびたびの戦乱や弾圧によって存続の危機に見舞われ、托鉢による食料確保が難しくなると、自給自足の体制が取られるようになった。「一日作《な》さざれば、一日食うべからず」という百丈懐海《ひゃくじょうえかい》（七四九―八一四）の言葉は有名で、百丈は戒律に替わり、中国の風土に合い、また禅の修行にふさわしい実践的な生活(14)の規範を制定した。これを清規《しんぎ》と呼び、百丈のものを基に、さまざまに手を加えたものが長く禅宗で用いられた。

こうして、『四分律』はそのまま守るというよりは、授戒という入門儀礼に用いるという性格を強くするようになった。授戒を受けると、戒体《かいたい》という力が具わり、それによって善を修め、悪を止めることができると考えられたが、その力を得る授戒の儀式が重要な意味を持つようになった。

国家仏教の時代

それでは日本に入って戒律はどうなったかというと、初期にはまだ正式の授戒の儀式を行うことができず、自《じ》誓受戒《せいじゅかい》といって、仏像の前で自分で戒を保つことを誓っていた。正式の授戒の儀式ができるようになったのは、鑑真《がんじん》（六八八―七六三）が来日してからで、鑑真は『四分律』に基づく出家者の戒律を伝えるとともに、梵網戒をも伝え、これを聖武上皇をはじめとする貴族たちにも授けている（七五四年）。

こうして日本に本格的に戒律が伝えられたが、古代においては得度(15)と授戒を許可する

(14) 禅宗では、労働は作務《さむ》・普請《ふしん》などと呼ばれて、修行の一環として重んじられた。

(15) 毎年、各宗ごとに得度を許す人の人数が決められ、所定の経論に関する試験に通ったもののみを許可した。これを年分度者という。これ以外にも臨時の得度が認められた。

権限は国家が持っていた。これは中国の制度に倣ったものであるが、教団を国家で統制するとともに、他方で寺院や教団を国家が保護し、国家のための祈禱などを行わせる、いわゆる国家仏教という形態である。ところが、実際には正式な得度・授戒を経ないで、自分勝手に出家して寺院に入る私度僧《しどそう》と呼ばれる僧も少なくなく、また、得度をしない優婆塞のままで活動したり、得度はしても授戒まで進まず、沙弥のままで活動する場合もしばしば見られた。修験道《しゅげんどう》の祖とされる役優婆塞《えんのうばそく》（役行者《えんのぎょうじゃ》）や、民衆に熱狂的に支持された行基《ぎょうき》が典型である。

最澄の真俗一貫の主張

このように日本ではもともと戒律にルーズな傾向があったが、そのような動向を一層加速させたのが、最澄による大乗戒の採用である。最澄は晩年、自分の弟子たちが受戒のために南都の東大寺に行き、そのまま帰ってこない状況を憂えて、自分の住む比叡山に戒壇《かいだん》[16]（授戒のための施設）を作ることを認可するように、政府にはたらきかけた。その際、従来の授戒が『四分律』に基づいて行われているのは、『四分律』が小乗の部派の戒律であるから、大乗の授戒としては適当でなく、大乗独自の戒である梵網戒によるべきだと主張した[17]。

『四分律』に梵網戒も併せて授けることは従来も行われていたが、梵網戒だけを授けるというのは従来どこにもないことで、これは全く新奇な主張である。梵網戒は菩薩の精

(16) それまでは、東大寺・観世音寺（筑前）・薬師寺（下野）が三戒壇と呼ばれ、そのいずれかで授戒を受けなければならなかった。

(17) 最澄の主張をめぐって南都の諸宗は強く反対し、論争となった。最澄が南都の主張を反論したのが、主著の『顕戒論』である。

神的な心構えを述べたものであるから、実際の戒律としては不十分だし、梵網戒は在家の人にも授けるものであるから、これでは出家者と在家者を分ける根拠がなくなってしまう。最澄自身は、それを「真俗一貫《しんぞくいっかん》」と呼んで、むしろ積極的に評価した。

最澄の主張はその死後認められ、八二二年に比叡山の大乗戒壇が設立された。それは確かに画期的なことだったが、実質的に生活規則となり得ず、また在家者との区別もつかない戒を採用したことは、もともと弱かった日本仏教の戒律の力を、一層弱めることになった。また、「真俗一貫」の戒を採用したことにより、出家と在家の区別は一層曖昧になった。

薄れる戒律の意味

最澄以後、弟子の光定《こうじょう》によって、戒は外側の生活の規律ではなく、大乗の精神をもって生活することであり、その心に戒が具わっているという「一心戒《いっしんかい》」が主張された。こうして戒の実質的な意味はますます薄れ、精神的な心構えが重視されるようになった。

その後、戒律の復興運動も何度かあったが、その一方で戒はますます形式化し、出家者が結婚して世俗生活を営むのも当たり前のことになった。親鸞が公然と妻帯し、「非《ひ》僧《そう》非《ひ》俗《ぞく》」を主張したのは、最澄の「真俗一貫」をさらに一歩推し進めたものである[18]。

今日、日本の仏教者は出家者でも家庭を持ち、世俗生活を営んでいるのが普通である。それは確かに、あまりに他の仏教圏の仏教とかけ離れているが、しかし、そのぶん日本

(18) しかし他方、仏教復興の気運が興ると、しばしば戒律復興が主張された。特に鎌倉時代の叡尊・忍性らによる戒律復興は、彼らの社会的活動と相俟って、大きな影響を与えた。

の仏教は、社会の中に溶け込むことができたという面も認めなければならない。戒律は出家者だけでなく、在家者の生活を律するものでもある[19]。そのような現実を認めたうえで、どのような未来を描いてゆくことができるかを考えることが重要であろう。

(19) 在家者の葬儀の際に授戒が施され、戒名を授ける習慣は近世以後一般化した。

11　超脱の道

1　禅と三昧

禅定の修行

仏教は知的な思想を含むと同時に、何よりも実践的な宗教であり、現実の苦からどのように離脱するかが最大の課題である。戒《かい》・定《じょう》・慧《え》の三学のうち、戒は生活規範であり、前提となるが、その上に、定[1]、すなわち禅定《ぜんじょう》、あるいは三昧《さんまい》の修行を積んで、悟りに近づくのである。そこに修行の意味がある。

原始仏教の実践体系としては、八正道《はっしょうどう》（八聖道）がよく知られている。これは四諦《したい》の第四の道諦《どうたい》の内容をなすもので、八つの正しい生き方が定められている。すなわち、①正見《しょうけん》（正しい見解）、②正思《しょうし》（正しい思惟）、③正語《しょうご》（正しい言葉）、④正業《しょうごう》（正しい行為）、⑤正命《しょうみょう》（正しい生活）、⑥正精進《しょうしょうじん》（正しい努力）、⑦正念《しょうねん》（正しい思念）、⑧正定《しょうじょう》（正しい禅定）であり、ここでも最後に正定が立てられており、三昧あるいは禅定がもっとも

（1）三学の「定」は samādhi（三昧）であるが、dhyāna も「定」と訳される。

重要な位置に置かれている。

このような禅定あるいは三昧は、要するに精神を集中させて瞑想することであるが、それによって理論的に分析された万物の無常や無我を実践的に体得し、次第に煩悩を捨てて自由な境地に進むのである。禅定とか三昧とかいう言葉を改めて整理すると、「禅」はディヤーナの音写で、「定」と意訳する。「禅定」というのは、音写語と意訳語を重ねたものである。「三昧」はサマーディの音写で、意訳語としてはやはり「定」が用いられる。近似した語として、ヨーガ（瑜伽）、止観などがあることはすでに述べた。

部派仏教になると、瞑想の際に何を対象として精神を統一して進めてゆくか、次第にそのやり方が定められてきた。その中には、死体が腐敗し、白骨になるまでを観想して身体の無常を体得する不浄観《ふじようかん》や、呼吸に精神を集中して数える数《す》息観《そくかん》などがある。[2] こうした体系的な精神集中法を禅観《ぜんかん》とも呼び、中国で、いわゆる無念無想の禅が盛んになる前は、このような方法が禅の方法として重視された。天台の止観もそのような禅観の方法を整理したものである。

（2）不浄観・慈悲観・因縁観・界分別観（五蘊・十八界などを観ずる）・数息観の五種類の観法を体系化したものを、五停心《ごじようしん》観《かん》という。

般舟三昧

部派系では、このように体系的に対象を観想する禅観が盛んだったのに対し、大乗経典では、さまざまな形で三昧（サマーディ）と呼ばれる瞑想が発展した。般若経典には百八三昧といって、三昧の種類が百八も挙げられている。また、大乗経典の中には、

『般舟三昧《はんじゅざんまい》経』のように、経典の名に「三昧」とついたものが少なくない。原始仏教時代に遡る三昧としては、空《くう》・無相《むそう》・無願《むがん》の三三昧《さんざんまい》がある。これは空と無相（心にとらわれた想念がないこと）と無願（欲望がないこと）に心を集中し、そのような状態を体得しようとするものである。

　大乗の三昧経典の代表として『般舟三昧経』の場合を簡単にみておこう。『般舟三昧経』では「般舟三昧(3)」という三昧を説く。般舟三昧の「般舟」は音写語で、「現在仏悉《げんざいぶっしつ》前立三昧《ぜんりゅうざんまい》」と訳されるように、現在のすべての他方諸仏に現前《げんぜん》にお目にかかるという三昧である。具体的には、阿弥陀仏を対象として一昼夜から七日間不眠不休でその姿を心に思い浮かべると、実際に阿弥陀仏にお目にかかることができ、同時に十方の一切諸仏にお目にかかることができるというものである。これは、不眠不休の精神集中の結果得られる一種のエクスタシーと考えることができる。般舟三昧は天台の止観に取り入れられ、四種類の三昧を立てるうち、常行《じょうぎょう》三昧として位置づけられる。ちなみに、四種三昧《ししゅざんまい》の他の三は、常坐三昧（九十日間坐禅を続ける）・半行半坐三昧（行と坐を組み合わせる三昧）・非行非坐三昧（以上に収まらない三昧）である。

2　修行の段階と即の概念

悟りの段階

ところで、修行を積んでいっても、すぐに悟れるというわけではなく、悟りに至るま

（3）「般舟三昧」の「般舟」は、pratyutpannabuddhasaṃmukhāvasthita-samādhi（現在の諸仏の面前に立つという三昧）の冒頭部分の音写。

での段階を踏んでいかなければならない。原始仏教では預流《よる》（悟りに向かって歩み出した段階で、最大七回輪廻を繰り返して悟りに至る）、一来《いちらい》（あと一回人界と天界の間を往復して悟りに至る）、不《ふ》還《げん》（もはやこの人界に戻ることなく、悟りに達する）、阿羅漢《あらかん》（悟りの段階）の四段階(4)を立てる。原始仏教では、段階を立てても悟りは必ずしも遠い先のこととは考えられなかった。

　しかし、部派の中で次第に修行の体系が整えられてくると、修行には多大の時間を要すると考えられるようになった。説一切有《せついっさいう》部《ぶ》の説では、声聞《しょうもん》の修行には三生《しょう》六十劫《こう》、菩薩の修行には三阿《あ》僧祇《そうぎ》劫《こう》という、長大な時間を要するとされるようになった。三生六十劫というのは、もっとも早い場合は三回の生まれ変わりでよく、長い場合は六十劫かかるということであり、三阿僧祇劫は前に触れたように、気も遠くなるような永遠に近い時間である。

　大乗経典でもさまざまな修行の段階が立てられるが、そのもっとも重要なものは十地《じゅうじ》説で、これは般若経典や『華厳経』に、少し違った形でみえる。『華厳経』には十地に至る以前に、さらに十住《じゅう》・十行《ぎょう》・十廻《え》向《こう》の各段階が立てられるに至った。中国に入ると、これに等覚《とうがく》・妙覚《みょうがく》を加えた四十二位、さらにそれ以前に十信を立てた五十二位が広く用いられた。等覚というのはブッダの悟りに至る直前の状態であり、妙覚というのはブッダの悟りそのものに到達した状態である。いずれにしても、やはり気の遠くなるような長い期間、輪廻を繰り返しながら進んでいくのである。しかし、その間の菩薩の行は、

（4）この四段階にそれぞれ、向かっていく段階（向）と到達した結果（果）があり、あわせて四向四果という。

同時に利他の実践であり、他者とともに永遠に歩んで行こうという志の現われでもある。

現世における悟り

このように長大な期間を要する菩薩の修行は、確かに高い理想を掲げたものではあるが、それではあまりに非現実的であるから、悟りはもっと手近にあるという考え方が発展した。特に中国をはじめ東アジアの文化には、インドのように輪廻という発想がなく、中国などは、来世観が十分に発展していない現世中心的な文化であるから、三阿僧祇劫などといわれて納得できず、むしろ現世において悟りに達するような方向が模索された。もっとも、それは中国で突然出てきたものではなく、すでにインドの大乗経典の中に源泉を持っている。

インドの大乗仏教でこのような発想を示すものとしては、般若経典(5)や『維摩《ゆいま》経』(6)などで展開した「即」や「不二《ふに》」の考え方がある。『般若心《はんにゃしん》経』に出る「色即是空《しきそくぜくう》」という言葉は、一般にも広く用いられるが、その他、「煩悩即菩提」「生死即涅槃《しょうじそくねはん》」などという言葉も、東アジアで好まれた。「色即是空」は、色（物質的な世界）はその本性上「空」であるということであり、それを逆にした「空即是色」は、空であることにもとづいてはじめて物質の世界も成り立つということを意味する。その限りでは問題はないが、「空」が、悟りの世界のようなある実体的な世界を現わすと解釈されるようになると、「色即是空」「空即是色」は、絶対的な世界（空）が現象的世界（色）において実現して

(5) 般若経典の中で、もっとも古く、原型となるのは『八千頌般若経』（『小品般若経』）であり、それを増広したり、縮略したりして、多くの経典が作られた。それらを集大成したものが、玄奘訳『大般若経』六百巻である。『般若心経』はもっとも短く縮略したものである。

(6)『維摩経』は、在家の仏教者維摩（Vimalakīrti）が大乗の無執着の立場から、悟りに囚われた仏弟子たちを批判するという内容で、特に中国の知識人に愛された。

いる意と解されることになり、そこに、現象的世界がそのまま絶対的世界である、という世界観を表明しているものと解されるようになる。

「煩悩即菩提」「生死即涅槃」も同様で、「煩悩即菩提」は、煩悩と菩提（悟り）がどちらも実体性を持たず、根底において空であり、また、煩悩と菩提の対立は、言語上のみにあることをいうものである。それ故、煩悩がそのまま菩提であるといっているわけではない。「生死即涅槃」も同様で、生死輪廻を繰り返している迷いの状態も、絶対的に固定的な実体性を持つわけではなく、その点では涅槃の状態と変わりはないことをいっている。したがって、「即」といっても直ちにイコールの関係にあるわけではない。

即と不二の危険性

ところが、このようにして結ばれた二つの項が、次第に近接したものと考えられるようになり、イコールの関係に近づいて解釈されるようになってくる。そうなると次第に、現象世界がそのままで絶対的な世界であるという方向が顕著になってくる。そのいちばん極端である本覚《ほんがく》思想については、章を改めて少し詳しく考えてみたい。なお、「即」の代わりに「不二」という語が用いられることもあり、そのもっとも有名な用例は『維摩経』の入不二《にゅうふに》法門品《ほうもんぼん》にみられる。「即」とか「不二」という言葉は便利なもので、何でも対立項を結び付けることが可能になるが、それだけに極めて危険な要素を持っている。論理的な思考を抜きにして、何でも「即」や「不二」で結び付けると、善も悪も区別されず、何でも融通無碍《ゆうずうむげ》になってしまうからである。この問題も改めて取り上げることにしたい。

ところで、こうした理論的な「即」の観念に対応して、実践面でも容易に究極の状態に達しうるという観念が発展した。大乗経典でそのような思想の根拠としてしばしば挙げられるのが、『華厳経』梵行品《ぼんぎょうぼん》の「初発心時《しょほっしんじ》、便成正覚《べんじょうしょうがく》」（初めて発心する時、便ち正覚を成ず）という言葉である。初発心というのは初めて菩提心を起こすことであるが、菩提心は、悟りに向かって進もうという心で、この心を起こすことが大乗の菩薩の出発点と考えられる。「初発心時、便成正覚」についてはいろいろと教学的な議論がなされる(7)が、基本的には、このような出発点に立つとき、直ちにそれはまっすぐ悟りに向かって道が開けているということである。

3　頓悟と即身成仏

南宗禅の考え方

こうして大乗において、段階的な修行論とそれに対する即の立場が形成されたが、具体的な修行としてどのような方法が可能であろうか。天台の止観はじめさまざまな行法が考えられるが、特に東アジアで勢力を持つようになったのは、即の方向を徹底していく頓悟《とんご》や即身成仏《そくしんじょうぶつ》の立場である。

頓悟は禅において説かれる。私たちが今日しばしば耳にする禅はいわゆる禅宗の禅で

（7）例えば、華厳宗においては、十信の段階を成就して、初住（十住の第一段階）に入るとき成仏すると考えた。これを信満成仏という。その場合、十住・十廻向・十地は段階ではなく、成仏の内容を順次に説いたものと解される。初住成仏は天台宗でも主張された。本文後述の最澄の即身成仏論（一四二頁）参照。

あるが、先にみたようなインドに由来する禅や三昧と異なり、中国で形成され発展したものである。このような禅の系譜は菩提達磨《ぼだいだるま》(8)に由来するといわれる。菩提達磨は、中国の南北朝の終わり近くにインドからやってきたとされる伝説上の人物であるが、実際に菩提達磨がもたらした禅は、後世にいう禅とは相当に違ったものと考えられ、今日の禅は、いわゆる南宗《なんしゅう》禅の系統で発展したものである。達磨から数えて五代目が弘忍《こうにん》で、その弟子に神秀《じんしゅう》と慧能《えのう》という二人が現われ、このうち慧能の系統が、その後正統派として中国禅の主流になったとされる。これが南宗禅と呼ばれる系統で、その立場で頓悟が主張された。

頓悟ということを直接いい出したのは、六祖慧能の弟子の神会《じんね》という人で、彼は強力に北宗《ほくしゅう》の神秀を攻撃した。その際、自分の師である慧能の立場を頓悟だと主張し、北宗の漸悟《ぜんご》より優れていると主張したのである。頓悟が段階を経ずに一気に悟りに達するのに対して、漸悟は段階を踏んで悟りに至ろうというものである。

ラサの宗論

もっとも漸悟でも、基本的にはこの一生のうちに悟れると考えるから、何劫《こう》も何阿僧《あそう》祇《ぎ》劫《こう》も経て悟るというインド的な発想からすればずいぶん現実的であるが、頓悟になれば、今すぐにたちどころに悟りに至るというのであるから、インド的な立場からすれば全く許し難い発想であろう。

（8）菩提達磨（Bodhidharma）は、伝説によると、インドのバラモンの出身で、海路南朝の梁に至り、武帝と問答を交わした後、北魏の嵩山少林寺で九年間坐禅に専念した（面壁九年）という。二祖の慧可がなかなか入門を認められず、左腕を切断してその決意を示し、ようやく入門を認められたという話（慧可断臂）も有名。

実際、このようなインド的な発想法と中国の禅の頓悟の考え方が、論争を行ったことがあった。それはチベットにおいてのことである。八世紀後半に、チベットはインド系の仏教と中国の禅の両方の系統が伝えられ、混乱が起こった。そこで、ティソン・デツェン王は、インドのシャーンタラクシタの弟子カマラシーラと中国禅の宣伝者摩訶衍《まかえん》を、サムイェー寺で論争させ、前者の勝利を認め、後者を禁止した。これをラサの宗論（サムイェーの宗論）と呼ぶ。チベットでは以後、中国系の頓悟の思想は異端とされた。その判定が果たして公正なものであったかどうかは疑問であるが、それはともかく、インド系の長期間の修行の立場はこうしてチベットに受け継がれ、他方東アジアでは頓悟系の思想が主流となった。

漸悟と頓悟の違い

漸悟と頓悟の相違を表わす逸話がある。神秀と慧能の二人の師であった弘忍が、自分の後継者を決めるのに、各自の境地を詩にして発表させた。そのとき、弘忍の一番弟子と自任していた神秀は、「身体は菩提樹のようなもの、心は浄らかな鏡のようなもの。いつも努力して鏡を磨き、（煩悩の）塵が付かないようにしなければいけない(9)」という意味の詩を作り、誰もがすっかり感激した。ところが、まったく学もなく肉体労働に従事していた慧能が、「心は菩提樹のようもの、身体は浄らかな鏡のようなもの。浄らかな鏡はもともと清浄であるから、塵や埃にまみれることもない(10)」という意味の詩を作り、

(9)「身は是れ菩提樹、心は明鏡の台の如し。時時に勤めて払拭して、塵埃あらしむるなかれ」

(10)「心は是れ菩提樹、身は爲《こ》れ明鏡の台。明鏡は本より清浄なれば、何の処にか塵埃に染みん」

弘忍は慧能の詩の方が優れていると認めたというのである。

ところで、この話を推し進めると、さらに徹底した立場が成り立つ。すなわち、もともと心に塵がなく、磨く必要がないというのならば、修行する必要もなく、あるがままの日常的な心の状態で十分ということになるのではないか。慧能の孫弟子に当たる馬祖《ばそ》道一《どういつ》（七〇九―七八八）は、「平常心是《びょうじょうしんこ》れ道《どう》」（日常的な心がそのまま悟りである）と主張し、日常生活をそのまま悟りの現われと考えた。この立場はその後非常に大きな影響を及ぼしたが、後にみる日本の本覚《ほんがく》思想と近いところのある考え方で、修行を重視する立場からは批判を浴びた。後にはこの観点から、頓悟の一面性を修正するために、頓悟《とんご》漸《ぜん》修《しゅう》といって、悟りそのものは頓悟であるが、修行は段階的に行わなければならないという、折衷的な主張もなされた。

即身成仏の発想

中国の仏教が禅の頓悟的な思想を主流とするのに対して、同じように即の立場に立ちつつ、日本の仏教では即身成仏《そくしんじょうぶつ》的な発想が主流を占めた。もっとも密教における即身成仏は日本特有のものではなく、インドからチベット系の密教にもみられ、またその方法も体系立てられた[11]が、日本の場合、密教という枠に限られずに発展したところに特徴がある。密教的な即身成仏としては、空海の場合が典型であるが、それについては第7章に述べた。六大《ろくだい》を本体とし、四種曼荼羅《ししゅまんだら》の象徴を通じ、三密瑜伽《さんみつゆが》の実践によってブッ

（11）『金剛頂経』には、通達《つうだつ》菩提心・修《しゅ》菩提心・成《じょう》金剛心・証金剛身・仏身円満の五つの段階を経て成仏する五相成身観《ごそうじょうじんかん》が説かれる。

ダと一体となり、ブッダになることができるというのである。

空海の即身成仏に対して、興味深いことに同じ頃、最澄がやはり即身成仏を主張しているが、最澄の即身成仏は密教ではなく、『法華経』の立場からの主張である。これは『法華経』の提婆《だいば》達多《だつた》品《ほん》に、八歳の竜女《りゅうにょ》（竜王の娘）が『法華経』の力で成仏するという話が出ているのを典拠として、『法華経』の力で凡夫でも即身成仏できると論じたものである。ちなみに、最澄のいう即身成仏は五十二位のうちの初住の位に達することであり、それも必ずしも現世に限らず、三回輪廻を繰り返すうちに達するものまで含むというのであるから、かなり緩やかなものである。

こうした空海や最澄の即身成仏論に敢然と反対の説を唱えたのが、最澄の論敵であった法相《ほっそう》宗の徳一《とくいっ》である。徳一は真言宗を批判した書物[12]の中で、空海の即身成仏論を取り上げて、そこには修行が欠けており、また、慈悲の精神が欠けていると指摘した。法相宗はインドの唯識派の流れを受けて長期間の修行を主張するので、即身成仏の立場は当然修行が欠けていることになる。また、法相宗の長期間の修行は菩薩として衆生の救済に励むのであるから、それを果たさずに成仏してしまうことは、慈悲を欠いた行為だとみなされるのである。法相宗の長期間の修行という立場は、日本では非現実的として省みられることが少ないが、この堂々とした徳一の論は、インド以来の正統的な立場からの主張として、注目に値するものである。

ともあれ日本では、こうして即身成仏的な発想が優位を占めることになり、その伝統

(12)『真言宗未決文』。徳一には多数の著作があったが、ほとんどすべて失われ、完本として残っているのは、この一書のみである。

は今日まで持続する。平安後期から鎌倉期にかけては本覚《ほんがく》思想が発展し、即身成仏をさらに極端化して、現実あるがままを肯定し、凡夫がそのままで仏であるとする思想が展開する。これについては改めて論じたい。[13]

成仏の思想と葬式仏教

その本覚思想に対抗すると考えられる鎌倉時代の仏教改革者たちもまた、基本的に即身成仏的な枠をはみ出すことはなかった。例えば、親鸞は悟りを得ることが現世で定まり（現世正定聚《げんせしょうじょうじゅ》）[14]、来世で往生することが直ちに涅槃だと主張するが、最澄的に三回の生まれ変わりまで即身成仏の枠の中に入れるとすれば、これもまさに即身成仏になる。道元の現成公案《げんじょうこうあん》[15]という考えも、現に目の前に展開している世界をそのまま悟りの世界と考えるのであるから、やはり即身成仏的である。日蓮になると『法華経』による即身成仏を明白に主張する。このようにみれば、鎌倉時代の仏教も、多分に即身成仏の枠の中で動いていることが知られるであろう。

このような思想の普及に伴って、民衆の間にも即身成仏的な考え方が定着する。人が死ぬことを成仏するというのは、今日普通に使われる言葉づかいであるが、死んで仏になるという考え方は、最澄的な即身成仏の枠の中に収められる。こうして、即身成仏の思想は、死後の問題と絡んで発展する。一般の人にははるか彼方の存在であった仏が、死者を媒介として身近なものに転ずるのである。

（13）本覚思想については、第13章一六七頁以下参照。

（14）悟りを開くことが決定している人を正定聚という。信心が定まったときに、正定聚に入るとされる。

（15）現成公案はもともとは、目の前に提示された問題の意であるが、道元は、その場に展開している世界がそのまま悟りの世界であるという意味に解した。『正法眼蔵《しょうぼうげんぞう》』の最初の巻が「現成公案」である。

死者の魂（タマ）が浄化されてカミになる、という民俗的な発想も、即身成仏と無関係ではない。そこに日本的な葬式仏教も展開する。葬式仏教[16]は、即身成仏や頓悟の思想を背景に、儀礼を通して死者を仏の世界に送り出そうというもので、近世の寺檀制度を媒介に、日本の社会に定着した。それを本来の仏教から外れたものだという批判もあるし、それには耳を傾けるべきところも少なくない。しかしまた、葬式仏教によって培われた死者との関わり方には、もっと見直してよいところがあるようにも思われる。空海・最澄対徳一の論争は、さまざまな曲折を経ながら、今日にまでつながる日本の仏教の問題を提示している。

（16）現在の葬儀の方式は、中世後期に禅宗のやり方を基本として形成された。

12　来世と救済

1　世界の構造

地獄・餓鬼・畜生

先に大乗仏教では、他方世界に多数の現在仏を認めるということを述べたが、そこで、他方世界とはどういうことかを考えなければならない。そのためにはまず、この世界がどのような構造を持っているかを考えてみる必要がある。

まず、この世界が欲《よく》界・色《しき》界・無色《むしき》界の三界《さんがい》に分けられることはすでに述べた。私たちは欲界に住んでいる。三界は衆生が輪廻を繰り返す世界で、六道《ろくどう》に分けられる。六道（六趣《ろくしゅ》）は地獄・餓鬼・畜生・修羅《しゅら》（阿修羅）・人《にん》・天の六つの領域で、そのうち人までは欲界に属し、天は欲界・色界・無色界の三つにまたがる。（1）修羅を入れず、五道とする場合もある。

地獄・餓鬼・畜生は三悪道（三悪趣）と呼ばれ、悪い行為の結果生まれる領域である。

（1）整理すると以下のようになる。

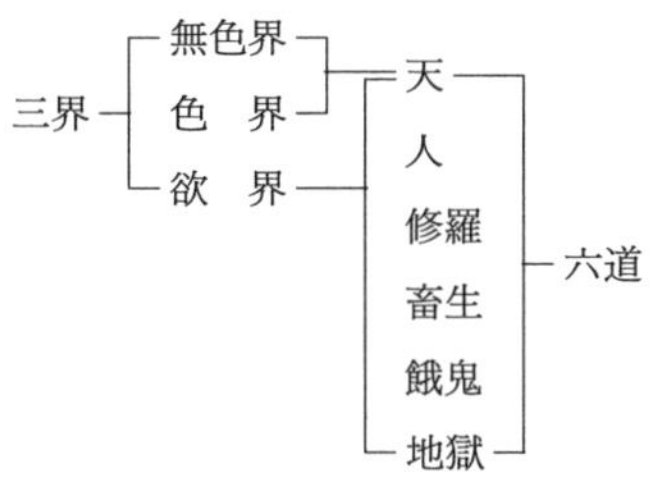

地獄(2)は地下にあり、いろいろに区分されるが、八大地獄(3)が有名で、その中でももっとも悪い行為をした人が落ちる地獄は、絶え間なく苦しみに責めさいなまれるという無《む》間地《けんじ》獄《ごく》（阿鼻《あび》地獄）である。しばしば地獄は極楽と対照されるが、地獄は六道の中の一部で、それに対して、極楽はこの世界の外にある別の世界であるから、範疇を異にしている。

餓鬼はプレータというインドの死霊に由来する。きちんと祖先供養をされなかった死霊が、さまざまに人間世界に害悪を及ぼすのがプレータで、仏教では特に貪欲で物惜しみをした人が死後この領域に生まれるとされ、いつも飢えに苦しめられる。その餓鬼を救うのが施餓鬼《せがき》で、東アジアでは盂蘭盆《うらぼん》の行事として行われる。畜生は動物の領域である。

修羅・人・天

修羅・人・天は、三悪道に較べると比較的住みよい領域である。修羅（アスラ）は、もともとは天の神々と闘う神話的な存在で、いつも戦闘を繰り返し傷つけあう存在とされる。人は我々人間の領域で、人間の住む地域は、須弥山《しゅみせん》（スメール）の南側の閻浮提《えんぶだい》（ジャンブ・ドゥヴィーパ）という大陸である。この世界はこの須弥山を中心にしており、須弥山の回りは七重の山と海で囲まれ、その外の海の四方にそれぞれ大陸がある。南の閻浮提は、インドをモデルにした台形を逆立ちさせた形からなっているとされる。ちなみに、日本は、この閻浮提を取り巻く粟粒のような多数の小さな島（粟散国《ぞくさんこく》）の一つと考えられた。日本で末法《まっぽう》意識が進展した時代には、同時に地理的にもこの世界の隅の小

(2) 地獄の原語は **naraka** または **niraya**. 奈落・泥梨《ないり》などと音写する。

(3) 八大地獄は、等活地獄（命絶えても蘇生してまた責苦を受ける）・黒縄地獄（鉄の黒縄で身体を巻かれ、それに沿って切り刻まれる）・衆合地獄（鉄の臼の中で鉄の杵で打ち砕かれたりする）・叫喚地獄（熱湯の中に投げ入れられたりして叫声を発する）・大叫喚地獄（もっとひどい責苦を受ける）・焦熱地獄（猛火・炎熱のために苦しむ）・大焦熱地獄（さらに一層の猛火・炎熱の苦しみを受ける）・無間地獄（絶え間のない責苦を受ける）。

国と考えられ、人々の絶望を深めた。

天（デーヴァ）は天に住む神々の領域で、ヴェーダなどでは最高の領域とされるが、仏教ではまだ迷いの輪廻の中にある存在とみなされる。日頃は快楽をほしいままにしているが、やがて時期がくると、脇の下から汗が流れたり、花飾りの花がしおれたりする五つの兆候（天人五衰《てんにんごすい》）を示して亡くなり、また輪廻する。天は欲界天・色界天・無色界天に分かれる。欲界天は六欲天《ろくよくてん》とも呼ばれ、下から四天王天・忉利《とうり》天・夜摩《やま》天・兜率《とそつ》天・楽変化《らくへんげ》天・他化自在《たけじざい》天の六つである。四天王天はよく知られた四天王[4]で、須弥山の中腹に住んでいる。忉利天[5]は三十三天とも呼ばれ、須弥山の頂上にあり、帝釈《たいしゃく》天[6]が住んでいる。兜率天[7]は将来のブッダの待機場所で、現在は弥勒菩薩《みろくぼさつ》が待っている。兜率天以上は須弥山上の空間にある。他化自在天は第六天とも呼ばれ、他人の快楽までも享受できるという最高の快楽の場所であるが、それゆえにそのような快楽を否定するブッダや仏教を目の敵《かたき》にして、悟りを妨げようとする。それを魔《ま》（マーラ）と呼ぶ。

色界は初禅から四禅までの禅定《ぜんじょう》の深まりに応じて天が立てられるが、初禅は梵天《ぼんてん》[8]と呼ばれ、インドのブラフマンを人格化した神、ブラフマーを当てる。無色界の天は、これも無色界の禅定の深まりに応じて四つの段階[9]が立てられる。

仏国土の構造

以上のように須弥山《しゅみせん》を中心として六道をすべて合わせたものが一つの世界であるが、

（4）四天王は、東方・持国天、南方・増長天、西方・広目天、北方・多聞天。

（5）忉利天は原語 Trāyastriṃśa の音写。四方に各八天あり、中央の帝釈天を加えて三十三になる。

（6）帝釈天はヴェーダのもっとも中心的な神である雷神インドラのこと。Śakra-devānām-indra（神々の中の強きものたるインドラ）のインドラを「帝」と訳し、Śakra を音写した「釈」と結びつけた。梵天とともに代表的な護法神（仏法を護る神）とされる。

（7）兜率天は Tuṣita の音写。兜率天は弥勒の浄土とされ、阿弥陀仏の極楽浄土との優劣がしばしば論じられた。弥勒が瑜伽行派（唯識派）の祖と同名のため、法相宗では弥勒信仰に基づいて兜率天往生を願う人が多い。

（8）「梵」は Brahmā の音写。

それはより大きな世界の一部に過ぎず、その世界が千個集まったものを小千世界と呼ぶ。さらに小千世界が千個で中千世界、中千世界が千個で大千世界になる。それゆえ、一つの大千世界は千の三乗の世界を含み、この全体を三千大千《さんぜんだいせん》世界、あるいは三千世界と呼ぶ。三千は千の三乗の意である。一人のブッダが教えを説く領域はこの三千世界だとされ、これが一仏国土である。

私たちが住む三千世界は娑婆《しゃば》世界（サハー）[10]と呼ぶが、同様の世界が無数にこの世界の外にあるわけで、基本的にはそれぞれに一人のブッダが教えを説いている。これが他方世界であり、それぞれが仏国土である。極楽もこのような世界の一つであるから、厳密には極楽が対応するのは地獄ではなく、この娑婆世界全体になる。ただし、実際には創造力の問題であるから、あまり厳密に理論的なものではない。このような世界には浄土と穢土《えど》があるとされる。極楽のように苦難や汚れのない世界が浄土[11]で、娑婆世界のように苦難や汚れのある世界が穢土である。

2　阿弥陀仏と極楽世界

さまざまな浄土

次に浄土教の問題を考えてゆきたいが、それにはもう一度、大乗仏教の成立期の問題を復習する必要がある。大乗仏教の大きな課題はブッダ観の展開で、すでに亡くなった過去のブッダに対するストゥーパ信仰の展開を受けて、それに対して現在生きているブ

帝釈天と並ぶ護法神で、ブッダが悟りを開いたときに、人々のために教えを説くように求めた梵天勧請が有名。

(9) 四つの段階は空無辺処・識無辺処・無所有処・非想非非想処。

(10) 娑婆はSahāの音写。忍耐の意とされ、「忍土」と訳される。

(11) 浄土にぴったり当てはまるサンスクリット語はない。「仏国土」(buddha-kṣetra)が用いられている場合が多い。

ツダをどう提示できるかということが問題であった。その一つは、釈迦仏を永遠の存在と考えることであるが、もう一つ有力な考え方は、他方世界を考え、そこに現在他方仏の存在を認めるという方法で、阿弥陀仏の極楽世界はその典型となる。

しかし、このような新しく認められたブッダは阿弥陀仏だけではない。阿弥陀仏と同じくらい古い起源を有するブッダに阿閦《あしゅく》仏(12)があり、阿弥陀仏の浄土が西方《さいほう》にあるのに対して、阿閦仏の浄土妙喜《みょうき》世界は東方にある。他に人気のあるブッダとしては、薬師仏があり、やはり東方にその浄土瑠《る》璃《り》光《こう》世界がある。このように浄土にはさまざまな種類があるが、阿弥陀仏の極楽浄土がもっとも広まったために、浄土といえば極楽浄土を意味する場合が少なくなく、浄土教というと阿弥陀仏信仰と結び付けて考えられる。

(12) 阿閦仏は Akṣobhya の音写。

阿弥陀の誓願

さて、阿弥陀仏について説く経典の中から『無量寿《むりょうじゅ》経』『観《かん》無量寿経』『阿弥陀経』の三つを浄土三部経と呼んで重んじる。このうち、『観無量寿経』は、サンスクリット語の原典やチベット語訳がなく、漢訳のみで伝えられ、それゆえ、その成立に疑問が持たれ、中国撰述、あるいは中央アジアの撰述ではないかといわれている。『無量寿経』と『阿弥陀経』は、どちらも初期の大乗経典に属するもので、サンスクリット語の原典も残っている。『阿弥陀経』は短いもので、阿弥陀仏をめぐる神話的な物語は、主として『無量寿経』の方に記されている。

まず阿弥陀仏という名前であるが、これにはサンスクリット語のアミターバとアミターユスの二つが該当する。アミターバは無量光、アミターユスは無量寿の意で、同じブッダに二つの名があるのである。[13] 意訳では多く無量寿とされるのは、中国で長寿に価値を置くからだといわれる。『無量寿経』などでは、主としてアミターバの方が用いられる。光は衆生を救済する慈悲を譬《たと》えるが、もともとインド以外の西方ペルシャなどの光信仰の影響を受けたものだともいわれる。

『無量寿経』によると、阿弥陀仏はむかし菩薩であったとき、法蔵《ほうぞう》という名の比丘で、世自在王仏《せじざいおうぶつ》というブッダのときに誓願《せいがん》を立て、それが成就してブッダとなったという。その誓願を立てたとき、十方のあらゆる仏国土を神通力で観察し、その中のもっとも優れたところを選び出して、自分の仏国土において、そのすべてが実現できるようにという誓願を立てたとされる。その誓願が実現してできたのが、極楽（スカーヴァティー[14]）という仏国土である。

ところで、その誓願は、サンスクリット語のテキストや五種類ある漢訳などによってそれぞれ出入りがあり、数も一定していない。しかし、古い時代の漢訳は二十四の願からなっており、それが元来の形であっただろうと考えられる。今日普通に使われている『無量寿経』は、魏の康僧鎧《こうそうがい》訳（三世紀）とされているが、今日の研究ではもっと遅れるものと考えられている。それによると、誓願の数は四十八で、この魏訳の四十八願《しじゅうはちがん》が、東アジアの浄土信仰で主として用いられた。

(13) 阿弥陀は、Amita-ābha と Amita-āyus に共通する Amita の音写語が定着したと思われる。

(14) スカーヴァティー（Sukhāvatī）は「楽を有するところ」の意であるから、「極楽」という訳が当てはまる。「安楽」「安養」とも訳される。

誓願[15]を立てることは、ブッダ神話の定型で、大乗の他方仏もそれぞれ誓願を立てて、それが実現してブッダになったとされ、その誓願にそのブッダの特徴がよく出る。薬師仏は十二の誓願を立てて、病気の衆生を救うことを誓っている。また、釈迦仏については、『悲華経《ひけ》』という経典に五百の願を立て、穢土《えど》において成仏《じょうぶつ》して人々を救済しようと誓っている。日本の中世の釈迦信仰は、この経典によるところが少なくない。

　阿弥陀仏の誓願では、自分の仏国土《ぶっこくど》をどのような国土にするかというものが中心であるが、それと同時に、どのような衆生が自分の仏国土に生まれることができるかも規定されている。死後、阿弥陀仏の仏国土に生まれることを往生というが、極楽に往生した衆生は、かならず涅槃を得ることに定まっているとされる。極楽は決して安楽に満ちているだけの世界ではなく、その本質は、このように悟り、涅槃に向かう世界なのである。

称名念仏の起源

　それでは、どのような衆生が極楽に生まれることができるかというと、それに関してもっとも有名なのは魏訳の第十八願である。そこでは、「もし私がブッダとなった時に、十方の衆生が真心から信じ、私の仏国土に生まれたいと欲して、十念だけでもしたとしよう。もしその人が私の国に生まれないようならば、私はブッダの悟りを得ないであろう。ただし、五逆《ごぎゃく》[16]（五つの大きな罪）を犯したものと、正しい教えを誹謗したものだけは除く[17]」と誓われている。

(15) すべての菩薩に共通する誓願を総願、菩薩ごとに異なる誓願を別願という。阿弥陀仏の四十八願などは別願。総願としては、四弘誓願《しぐぜいがん》が有名。「衆生無辺誓願度、煩悩無尽誓願断、法門無量誓願学、仏道無上誓願成」（宗派により、一部の字句が異なる）。なお、誓願は本願とも言われる。

(16) 五逆は、父・母・阿羅漢を殺す、ブッダを傷つける、サンガを破壊するという五つの大罪。

(17) 「設《も》し我れ仏を得たらんに、十方の衆生、至心に信楽《しんぎょう》して我が国に生ぜんと欲し、乃至十念せんに、もし生ぜずんば正覚を取らじ。ただ五逆と誹謗正法とを除く」

ここで、「十念」というのが何かが問題になるが、もともとは、「十回心を起こすだけでも」という意味である。そもそも念仏(18)というのはブッダを心に思う、あるいはブッダに対して精神を集中させるという意味であるが、それがやがて東アジアにおいては、阿弥陀仏の名を唱えること（称名《しょうみょう》）に変わっていく。

また、ここでは「十回」とあるのが、さらに後の解釈では下限は「一回」まで引き下げられ、一回の念仏でも往生できるというふうに主張されるようになる。このような解釈の転換で大きな役割を果たしたのは、唐の時代の善導《ぜんどう》（六一三―六八一）である。また、五逆と正しい教えを誹謗するような大罪は救済から除外されているが、善導は、これはそのような大罪を犯さないようにという注意のための文句で、もし犯した場合でも実際は救済される、と説いた。こうして悪人往生の道が開かれることになったのである。善導の解釈は、日本では法然《ほうねん》によって受け入れられ、それが日本の浄土教の主流となってゆく。

(18) 念仏の原語は buddha-anusmṛti（ブッダを思念すること）で、仏・法・僧・戒・施・天を思念する六随念の一。

3　浄土教の展開

観想念仏と心の中の浄土

『無量寿経』において原型が作られた浄土教は、その後、東アジアへの展開において、特に『観無量寿経』の大きな影響を受けた。『観無量寿経』は、ブッダ当時のマガダ国で、我が子の阿闍世王《あじゃせおう》のために幽閉された韋提希夫人《いだいけぶにん》のためにブッダが教えを説くという、非常に劇的な構成になっており、その中では十六段階に分けて、阿弥陀仏と極楽浄土の様子を観ずることを説いている。

『観無量寿経』の十六段階は十六観と呼ばれるが、そのうち前の十三観(19)と後の三観《さんがん》が分かれる。前の十三観は阿弥陀仏とその浄土を観ずる本来の観法《かんぽう》を述べた部分で、最初太陽の沈むところを観ずる日想《にっそう》観から出発して、次第に極楽の様子へと進み、そこから阿弥陀仏とその脇侍《わきじ》の観音・勢至《せいし》両菩薩を観ずるところへと進む。前の十三観に較べて、後の三観は浄土に往生するためにどのような行を積めばよいかを述べたもので、前十三観の観想とは内容を異にしている。衆生の能力に応じて三段階の行を説き、それぞれ上品《ぼん》・中品《ぼん》・下品《げぼん》と呼ぶが、それぞれがまた三段階に分かれ、上生《しょう》・中生・下生とされるので、結局上品上生から下品下生まで九段階に分けられることになる。これらを九品《くほん》と呼び、九品について述べた部分を九品段と呼ぶ。ここでは、それぞれ生前の行いに応じて阿弥陀仏がこの世まで迎えに来ることが説かれており、いわゆる阿弥陀来迎《らいこう》の典拠とされる。

　さて、『観無量寿経』はこのように前十三観と九品段（後の三観）に分かれるが、そのいずれも、後代の浄土教の展開にとって非常に重要な意味を持っている。まず、前十三観はいわゆる観想念仏の拠り所となる。観想念仏というのは、精神を集中して阿弥陀仏や浄土のすがたを思い描き、それによって阿弥陀仏の境地と一体化し、またそこから浄土往生へとつながってゆくことを求めるもので、禅・三昧の流れに連なる。日本では

(19) 十三観は、日想観・水想観・地想観・宝樹観・宝池観・宝楼観・華座観・像想観・真身観・観音観・勢至観・普観・雑想観。

平安時代に盛んに行われ、特に源信《げんしん》の『往生要集』(20)にその方法が詳細に説かれる。

前十三観のうちでもう一つ重要な個所は、第八観に「是の心、仏と作《な》り、是の心、是れ仏なり」（是《ぜ》心作《しんさ》仏《ぶつ》、是《ぜ》心是《しんぜ》仏《ぶつ》）と述べられている個所である。これは阿弥陀仏といっても、この心の外にあるわけではなく、三昧状態で達せられる心のあり方が、そのまま仏の状態であることをいっている。この立場を徹底すれば、阿弥陀仏も極楽浄土もどこか遠くにあるわけではなく、この私の心の中にあることになる。このような見方を己心《こしん》の弥陀（浄土）、あるいは唯心《ゆいしん》の弥陀（浄土）と呼ぶ。この立場は天台系統の浄土教や、また禅と融合した浄土教において重視された。

悪人往生と絵解き

前十三観が観想を重視し、唯心的な方向へ向かうのに対して、九品段では、下品の三生が注目される。ここでは悪人の往生が説かれる。特に下品下生は五逆・十悪を犯した悪人で、『無量寿経』の第十八願で除外されていた五逆も、ここでは救済対象となっており、徹底した凡夫悪人の救済が説かれる。では、どのようにして彼らが救済されるかというと、具体的には臨終の称名《しょうみょう》念仏が説かれ、それによってそれまでの罪が除かれ、浄土に往生するとされる。こうして九品段、特に下品段は、悪人の称名念仏往生という、後世の浄土教の発展上、決定的に重要な思想が説かれている。

なお、『観無量寿経』は、場面設定が親子の悲劇を舞台にして興味を持たせること、

(20)『往生要集』では、正修念仏門に、礼拝門・讃歎門・作願《さがん》門・観察門・廻向門の五門を立てる。そのうちの観察門が狭義の念仏に当たり、阿弥陀仏の身体の各部分を観想する別相観、阿弥陀仏の身体を全体として観想する総相観、眉間の白毫《びゃくごう》を観想する雑略観からなる。

前十三観は具体的な観想であり、ヴィジュアルで人の関心を引きやすいこと、九品段の悪人の念仏往生が一般の人にも共感を呼ぶこと、などの理由から、民衆のうちに広く普及した。特に唐の時代には浄土変相《へんそう》(21)といって、この経典に基づいて極楽浄土の様子を絵に描いたものを、絵解きしながら布教する方法が取られ、民衆の支持を受けた。善導の成功も、こうした時代背景の中で熱烈な浄土信仰を説いたことによる。今日敦煌で、いくつかのこのような素晴らしい浄土変相が見出されている。日本に残っている当麻《たいま》曼荼《まんだ》羅《ら》(22)も同様のものである。

法然と親鸞

さて、中国・日本における浄土教の展開をみてみると、中国では天台や禅における唯心の弥陀的な方向が主流であったが、他方で善導にみられるような民衆的な浄土教が発展した。日本においては、平安期には源信に代表されるような観想念仏が展開し、また唯心の弥陀的な方向もみられたが、法然以後、称名念仏的な方向が主流となった。法然は「偏《ひと》えに善導に依る」といって、善導の説に拠り所を求め、称名念仏を主張するとともに、指方立相《しほうりっそう》といって、西方に具体的な姿をもった極楽浄土の実在を認めた。したがって、唯心の浄土的な方向とは正反対になる。

ところが、法然の門下になると、再び天台などの影響により、法然の立場が緩められるようになった。法然の門下でももっともラディカルな思想を展開した親鸞も、法然から

(21) 変相（図）は、物語を図に表わしたもので、浄土変相に限らず、仏伝やジャータカ、また『法華経』などの経典についても描かれている。

(22) 当麻曼荼羅は、智光曼荼羅・清海《せいかい》曼荼羅とともに、日本三大曼荼羅とされる。中央に極楽の様子を描き、周辺に『観無量寿経』の教えを図示する。当麻寺に伝わるが、もともと中国で造られたものと考えられる。その模写が多く伝えられ、浄土教の普及に大きな役割を果たした。

ずいぶんずれている。晩年の自然法爾《じねんほうに》[23]の立場では、「いろもかたちもましまさぬ」無上《むじょう》仏《ぶつ》の立場を最高と認め、指方立相的な方向が弱まった。また、悟りを得ることが現世で定まり、死ぬと往生即涅槃と考えられるから、やはり浄土を実在的に見る立場とは異なる。浄土真宗の一部には、唯心の弥陀的な解釈を取る方向もある。

阿弥陀という他者

最後に、このような動向を念頭に置きながら、浄土教をどのように理解したらよいか、いささか試論的に考えてみよう。もちろん指方立相的に西方に浄土の実在を認め、死後にそこへ往生すると信ずることができれば、それもよいであろう。しかし、以上みたように、それが唯一の解釈ではなく、さまざまな解釈が可能で、唯心の弥陀（浄土）的な見方も十分成り立つ。ただ、唯心的な解釈は阿弥陀仏を自分の心の問題に帰着させるわけで、他者としての阿弥陀仏という側面が消えてしまう。先にみたように、『法華経』などに典型的にみられる大乗仏教の一つの特徴は、ブッダという形での他者存在の不可欠なことの認識であった。そこから考えるとき、浄土信仰が提示している重要な問題も、阿弥陀仏なる他者の存在のようである。

従来浄土教の解釈に当たって、阿弥陀仏と衆生の関係は、だいたい救済者と救済されるものという関係で考えられていたように思われる。しかし、大乗仏教の原点に立ち返るとき、ブッダと修行者の関わりはもう少し違い、修行者は菩薩であり、ブッダはその

(23) 自然法爾は親鸞晩年の消息に記された説。「自然といふは、自はをのづからといふ、行者のはからひにあらず、然といふはしからしむといふことばなり」とあるように、はからいを捨てて、仏の救いに任せきることを説く。

菩薩の理想像として、菩薩たちの先を進むものという面を持っていたはずである。先を進むものと後から進んでいくものが、人格的に関わっていくこと、それがブッダと菩薩たちの関わりである。そしてその際、ブッダが模範を示し、菩薩たちがその後を進んでいく道は、利他の道である。利他とは自分の存在を孤立したものとみず、他者との関わりの中でみてゆくことに他ならない。広大な誓願を発し、実現したとされる阿弥陀仏は、まさに神話的に表現された他者の理想である。

浄土についても、それを死後の理想状態とみることは、必ずしもまちがいでないとしても、それが唯一の解釈ではない。そもそも浄土という言葉には、サンスクリット語の原典には必ずしもぴったりと当てはまる単語がないが、仏国土を浄《きよ》めるという意味で、「浄仏国土《じょうぶつこくど》」という表現は出てくる。すでにある浄土にただ生まれ合わせるという受け身の態度ではなく、菩薩として仏国土を浄めるという積極的な活動の方面も、もう少し考えてゆく必要があるのではないだろうか。

13 楽観論の陥穽

1 仏身論の展開

法身とは

すでに述べたように、大乗仏教になるとブッダに対する見方が変わり、自由で大胆なブッダ観が展開した。ブッダは過去の存在でなく、現在の問題として捉えられるようになったが、それにはブッダを他者として捉え直す方向、また、ブッダの境地に自ら入り込んでいく三昧《さんまい》の方向などがあった。後者の方向と関連するものとして、ブッダを法身《ほっしん》として捉える方向があるので、これについて少し考えてみたい。

原始仏教では、ブッダの死後その存在がどうなるか、必ずしもはっきりした答は出されなかった。ブッダは自らの死後、真理（ダルマ、法）を拠りどころとするように遺言したが、真理は肉体としてのブッダと異なり、永遠に滅びないものである。すなわち、「一切存在は無常である」という真理自体は無常ではなく、永遠の妥当性を持つ。もちろん、そのことは、その真理が「もの」として永遠に存在するということではないから、ただちに無常の原則と抵触するわけではないが、解釈次第では、この真理を何か永遠の「もの」のように考える方向が出ないわけではない。例えば、法身とか真如《しんにょ》とかいわれるようなものは、ただちにこの世界の中のものと同質とはいえないが、実際には何かそのような永遠の存在があるという方向に、大きく展開してゆくのも事実である。

　こうしてブッダの説いた永遠の真理（ダルマ）が、ブッダに代わってブッダの根底にある永遠の存在とみなされるようになる。ちなみに、ダルマ（法）というのはさまざまな意味を持ち、以前には存在の構成要素の意味で出てきたが、より古い用法としては、ブッダの教え、あるいはブッダの教えによって表わされる真理という意味で用いられる。こうして、永遠のブッダの根底にある真理がブッダの永遠のすがたと考えられるようになる。これはダルマとしてのブッダということができ、ブッダの死すべき肉体に対して、ダルマとしての身体（カーヤ）、すなわち法身（ダルマ・カーヤ）と呼ばれる。それに対して、死すべきブッダの肉体は生身《しょうじん》と呼ばれ、法身が現象的な姿をとったものと考えられる。このような、ブッダの身体についての思索を仏身《ぶっしん》論と呼ぶ。

真如のとらえかた

　こうした考えはすでに部派の時代からあったが、大乗仏教になってさらに大きく発展した。般若経典の古い層には法身という語は出ないが、思想的にはほとんどそれに該当するものがあるといわれる。また、般若経典で重要な位置を占める概念に真如(1)（タタター）があるが、これは法身に該当するこの世界の真理を、仏身論から離れて、より抽象的に捉えたものである。真如の場合も、本来真如というものがあるわけではなく、無常・無我であり、無実体であるこの世界のあり方を、全体として把握した概念であるが、それがこの世界の一種の本体のように理解される面がある。無実体性そのものをいう「空《くう》」自体も、一面において何か「空」というものがあるかのように理解される。類似の概念として、他にも法界《ほっかい》・法性《ほっしょう》などがある。このような面は、厳密にいうと仏教の本来の原則から逸脱しているようにもみえるが、先にも述べたように、そもそもがブッダの永遠性に関する原始仏教の判断停止（無記《むき》）に明らかなように、仏教自体に本来的な曖昧さがあるのであり、その点に注意しながらみてゆくことが必要である。

三身説への展開

仏身論はその後、法身・生身の二身説から三身《さんじん》説へと展開する。三身の呼称は必ずしも一定しないが、法身・報身《ほうじん》・応身《おうじん》の三身(2)がもっともよく知られている。法身は二身説の場合とほぼ同じで、応身は二身説の生身に該当する。応身は、法身が衆生の救済のために仮の姿を取ったもので、歴史上に現われたゴータマ・ブッダのような存在である。これに対して報身は分かりにくいが、大まかにいえば、法身の真理性と応身の人格性を兼ね備えたようなものと考えられる。自らの修行の果報として成就した仏身を享受する

（1）真如（tathatā）は、文字通りには、「かくの如くにあること」の意。第6章七四頁参照。

（2）法身はdharma-kāya, 報身はsaṃbhoga-kāya（〔果報を〕享受する身体）、応身はnirmāṇa-kāya（変化した身体）。自性身・受用《じゅゆう》身・変化《へんげ》身という言い方もする。受用身は自受用身（自ら享受する身体）と他受用身（教えを説くなど、他の者が享受する身体）とに分けられる。

ところから、この呼称が用いられる。阿弥陀仏は天台などの解釈では応身であるが、善導はそれを報身であると主張し、日本の法然などもその解釈に従っている。なお、密教では大日如来《だいにちにょらい》は法身とされるが、単に抽象的な真理というだけでなく、人格性をも持ち、法身自身が説法すると説く。

2　如来蔵と仏性

だれでもブッダになれる

仏身論と関係しつつ展開する大乗仏教の重要な思想に、如来蔵《にょらいぞう》思想がある。大乗仏教の一つの特徴は、我々もまた菩薩であることができ、したがって、ブッダとなることができるというところにある。そこで、だれでもブッダになることができるということを理論的に説明するために考え出されたのが、如来蔵の理論である。

如来蔵というのは、原語はタターガタ・ガルバで、タターガタは如来、ガルバは母胎の意で、衆生《しゅじょう》が将来ブッダとなる可能性を持っていることを、「如来をその母胎に持っている」と表現したものである。ガルバは母胎であると同時に、母胎の中の胎児をも意味するので、如来蔵は、将来如来となるべき胎児の意味にもなる。要するに将来ブッダとなることのできる可能性のことで、その可能性がすべての衆生に内在すると主張するのである。如来蔵はまた、仏性《ぶっしょう》(3)ともいわれる。東アジアでは、如来蔵よりも仏性という表現の方が好まれた。

(3) 仏性は buddha-dhātu の訳。dhātu は要素という意であるが、ブッダの遺骨（舎利）をも意味する。

ところで、母胎の中の胎児に喩えられたり、衆生がブッダとなる可能性を持っているというと、如来蔵は衆生の中に内在するなにものかであるように考えられる。そのような面も確かにある。しかし他方、如来蔵はすべての衆生に遍満しているブッダの本性とも解されるので、その意味では法身と同じことになる。そのように解すると、何かが衆生の心の中にあるというよりは、衆生の心が本性的にはブッダそのものと同一でありながら、それが煩悩のために覆われ、隠されていて、現われていないのだ、というふうにも解される。

衆生の心がその本性上もともと浄らかであるのに、煩悩によって汚されているという発想は、原始経典にもみえ、般若経典において大きく発展した。そのように本来的に清浄な心を自性清浄心《じしょうしょうじょうしん》といい、外側から付着した煩悩を客塵煩悩《きゃくじんぼんのう》と呼ぶ。如来蔵とは自性清浄心のことに他ならない。如来蔵はまた、煩悩の中にある真如だとも解釈される。

如来蔵思想は心に関して楽観的な思想である。本来的に心は浄らかで、ブッダと同一であり、煩悩は外から付着しているだけだというならば、その煩悩を取り去れば、容易にブッダたることを実現できることになる。先に中国の禅に関して、神秀《じんしゅう》と慧能《えのう》が作った詩のことに触れたが、衆生の心は鏡のようなもので、煩悩を払っていけばよいのだという神秀の詩は、まさにこのような如来蔵思想を典型的に表わすものであり、煩悩を払う必要さえないという慧能の詩は、それをさらに一歩進めるものである。如来蔵思想は、ブッダを衆生から隔絶した存在とみなしたり、悟りを何か遠くの非現実的なことと考えるのでなく、それを極めて身近に捉えることを可能にしたもので、先に触れた「即」の思想とも密接に関係する。

東アジアの現実主義

他方、その問題点としては、第一に、如来蔵が何か心の中にある実体のように考えられたり、心そのものが実体視される危険を孕んでいること、第二に、あまりに身近にブッダの悟りと結び付けられてしまい、安易な発想に陥る危険が少なくないことが指摘される。こうした問題点から、如来蔵思想はチベットでは周辺的な位置づけをされ、必ずしも高い評価を与えられなかったが、現実主義的な東アジアでは大いに好まれ、特に如来蔵よりも仏性という言い方で、あらゆる東アジアの仏教思想の前提となっているといっても過言ではない。

東アジアで仏性を説く代表的な経典とされたのが、『大般涅槃《だいはつねはん》経』（涅槃経）である。『涅槃経』という経典は原始仏典の中にもあり、そこではブッダの死に至る晩年の姿が描かれているが、ここでいう『涅槃経』は、ブッダの最期の場面を借りて創作された大乗経典で、そこでは、ブッダが亡くなっても法身は永遠であると説き[4]、その法身が衆生に遍在するあり方として仏性を提示する。『涅槃経』に出る「一切衆生悉有仏性《いっさいしゅじょうしつうぶっしょう》」（一切衆生に悉《ことごと》く仏性有り）という文句は、広く東アジアの人々に愛されてきた[5]。

（4）原始仏教では、この世界のものは「無常・苦・無我・不浄」であると説き、「常・楽・我・浄」なるものはないとされたが、『涅槃経』では、仏の法身は「常・楽・我・浄」の四徳を実現していると説く。

（5）『涅槃経』ではさらに、仏の教えを信じず、成仏する可能性のない者（一闡提《いっせんだい》 icchantika）についても成仏可能であるとして、その説を徹底させた。

『起信論』の体系

『涅槃経』が、東アジアにおける仏性思想の普及に大きな力があったとすれば、それを理論的に解明したものとして重視されてきたのが、『大乗起信論《だいじょうきしんろん》』（起信論）である。『起信論』は、二世紀頃の仏教詩人アシュヴァゴーシャ（馬鳴《めみょう》）の作とされるが、内容からみてそれはまったくあり得ず、五、六世紀の成立と考えられている。漢訳しかないことから、中国で作られたのではないかとも疑われている。なお、『起信論』では仏性ではなく、如来蔵の語が使われている。

『起信論』の体系は、一心を解明するという形で展開してゆく。[6] 一心というのは我々衆生の心であるが、それを心真如《しんしんにょ》門と心生滅《しんしょうめつ》門の二つの側面からみてゆく。心真如門というのは、一心を全体としてそのまま真如であるという側面からみたもので、心を絶対的な側面からみたものといえる。これにまた、離言《りごん》真如と依言《えごん》真如の二つの側面が立てられる。離言真如は言語を離れ、言語によって表現できない絶対のすがたである。それに対して、依言真如は本来的には言語表現を離れた真如を、それでも言語を用いて表現しようとしたものである。

次に、心生滅門の方は、一心を、さまざまな迷い、煩悩によって変動しているという面からみたものである。この心生滅のすがたを説明するのに、如来蔵の概念が用いられる。如来蔵は心生滅門の立場からみられた真如である。この如来蔵がもとになって、生滅の世界が展開していると考えられるが、その際、如来蔵だけからでは生滅は出てこな

（6）『起信論』の構造の概略を表示すると以下の通り。

- 一心
  - 心真如門
    - 離言真如
    - 依言真如
  - 心生滅門 ―― 如来蔵
    - 無明
    - 阿梨耶識

い。如来蔵は本来的に悟りの原理だからである。そこで、如来蔵がもとになって生滅の世界が展開するために、生滅の原理が考えられなければならない。それが無明《むみょう》(7)である。そして、如来蔵と無明が結びついたところを阿梨耶識《ありやしき》（阿黎耶識）と呼ぶ。阿梨耶識は阿頼耶《あらや》（アーラヤ）識のことで、『起信論』はこうして、如来蔵とアーラヤ識とをうまく関連づけている。

ここで一つ大きな問題が出てくる。それは、それならば無明はどこから出てきたか、ということである。迷いの原理である無明が、悟りの原理である如来蔵から出てくることはできない。ところが、如来蔵以外に無明のもととなる原理を立てると、如来蔵＝真如以外の原理が立てられることになり、二元論になってしまう。そこで、『起信論』では、「無始の無明」といわれ、無明は「忽然として念が起こる」と説明されている。すなわち、無明は理由なくして無始のときから生じているというのである。

しかし、これでは説明になっているかどうか疑問である。無明は、我々の存在の根底に無始以来存在しているにもかかわらず、それを理論的に説明しようとすると困難なのである。それはちょうどキリスト教における悪の起源と同様で、神が全知全能であるならば、どうしてこの世界に悪を作ったのかが難問となるのとよく似ている。

さて、『起信論』においては、如来蔵と無明の結合した阿梨耶識から、この迷いの世界が展開すると考えられるが、またその迷いの世界から、逆に悟りの世界に向かう運動も考えられ、それが修行の過程になる。『起信論』ではそれをまた、覚《かく》と不覚《ふかく》というこ

（7）十二縁起の第一に出る。六二頁参照。

とから説明する。覚はまた本覚《ほんがく》と始覚《しかく》に分けられるので、本覚・始覚・不覚という三つの原理になる。本覚は、真如＝如来蔵を始覚・不覚との対比でいったもので、究極の目標である悟りそのものであるが、同時に衆生の中に内在する悟りの原理でもある。本覚が自覚されない状態が不覚であり、それが自覚され、目標としての悟りに向かって進んでゆくのが始覚である。この三段階を立てることによって、『起信論』は単なる理論書から発展して、きわめて実践論的な体系になってゆく。なお、この三つの概念のうち、特に本覚と始覚の対は、以下に述べるように、後に日本天台の本覚思想で重視された。

3　日本における展開

現実肯定の思想

先に述べたように、如来蔵＝仏性思想は、東アジアではすべての仏教思想の共通の前提の位置を獲得した。その中でも特に華厳宗の系統は、その理論形成に当たって『起信論』の影響を強く受けた。日本に至って、まず注目されるのは安然《あんねん》（八四一―?）である。安然は平安時代の天台の密教（台密《たいみつ》）の完成者として知られるが、その理論的な基礎付けを与えるのに、『起信論』の真如の理論を用いた。中国の華厳宗では『起信論』の真如を解釈するのに、不変真如と随縁《ずいえん》真如の二つを立てる。不変真如は、文字どおり真如を絶対不変のすがたにおいて捉えたもので、それに対して随縁真如は、生滅門においてはたらいている真如＝如来蔵のことである。

日本の天台では早くよりこの問題が取り上げられたが、その際、法相宗が真如の不変性を強調したのに対して、天台宗は随縁真如の側面を強調した。安然はこのような方向を徹底し、この世界の現象を随縁真如によってすべて理解しようとした。通常は随縁真如といっても、現象世界の根底にはたらいている原理をいうが、安然はそうではなく、この現象世界そのものが随縁真如だというのである。それゆえ、無明も真如から出てきたもの、真如の発展形態だと理解され、したがって、この世界には真如以外の何ものもなく、どんな煩悩も悪も、すべて随縁真如そのものになってしまう。これは極めて大胆な現実肯定的な思想である。

本覚思想の問題

この安然の思想の発展上に、中世の本覚思想が考えられる。日本の中世天台は、口伝《くでん》法門《ほうもん》(8)という形で独特の思想が展開されるが、その口伝法門で始覚門と本覚門が対にされて用いられる。始覚門というのは、悟りに向かって修行すべきことを説く一般の仏教の立場であるが、本覚門はそれを超えるより高い立場で、衆生においてすでに悟りが実現しており、もはや何も修行は必要ないと主張する。本覚はここでは、すでに内在的な悟りの原理ではなく、その原理が衆生において顕現化し、現実化していることを指す。このように、本覚をキーワードとしながら、現象世界がそのまま絶対であると主張する日本の中世天台の独特の思想を、本覚思想と呼ぶ。

(8) 奥義は師匠から弟子へ秘密裡に口頭で伝えられた。密教の伝授の方法であったが、天台本覚法門に関しても用いられた。その流れに、恵心《えしん》流と檀那《だんな》流があるといわれる。

本覚思想の代表的な文献である『三十四箇事書《さんじゅうしかのことがき》』(9)などに拠ると、安然を受けながら、より徹底した形で現象世界のあるがままを肯定する思想が展開される。例えば、「生死即涅槃」ということを、通常は生死と涅槃が本質的に不二《ふに》であることをいうものと解するが、『三十四箇事書』ではそうではなく、生死の無常の状態が無常のままであることが、涅槃に他ならないと解する。あるいはまた、地獄は地獄のまま、煩悩は煩悩のままでよく、草木は草木のままでよく、修行する必要も、成仏する必要もないと主張される(10)。すべてであるがままで、それがそのまま成仏の世界、悟りの世界だというのである。これは、極端まで展開された現実肯定の思想である。

このように極端な、何の修行もせずにあるがままでよいという修行否定主義は、到底まじめな仏教者には受け入れがたいものであり、本覚思想はその極端さのゆえに、しばしば批判の対象になった。最近でも学界において本覚思想への批判が提示され(11)、その批判性を失った現状肯定主義が問題とされている。確かにその通りであるが、他方、そこには日本人に受け入れやすく、日本的な論理ともいうべきものが、きわめて的確に表現されていることも事実である。本覚思想は、散る花に風情を見出すような日本的な美意識に適合した思想で、日本の中世、さらには近世に至る文芸や芸能の思想にも大きな影響を与えた。

また、その極限で修行をも否定するということは、仏教の自己否定ともいうべき面を持ち、実際、中世の神道理論は本覚思想の助けを借りながら自己形成をし、やがて仏教

(9) 伝源信作『枕双紙』に同じ。

(10) 「常住の十界全く改むるなく、草木も常住なり、衆生も常住なり」

(11) 特に、一九八〇年代から袴谷憲昭・松本史朗らによって興された批判仏教の運動は、本覚思想の批判から、さらにはそのもとになる如来蔵思想の批判にまで及び、大きな影響を与えた。袴谷憲昭『本覚思想批判』(大蔵出版、一九八九)など参照。

の枠を打ち捨てて自立することになる。[12] このように、仏教の護教論的な立場からは、本覚思想は仏教そのものを崩壊させうる邪教ともいえるが、他方、日本の思想史の中に置くとき、日本思想の大きな展開の一つの軸となる重要な思想である。

また、仏教思想の枠の中でも、本覚思想の及ぼした影響は大きなものがある。例えば、日蓮が『法華経』の本門を重視したのは、本覚思想の系譜の中でそのような流れがあったことと関連がある。また、法然は易行《いぎょう》（容易な行）として称名念仏《しょうみょうねんぶつ》を採用するが、法然の論敵である華厳宗の明恵《みょうえ》は、その著『摧邪輪《ざいじゃりん》』で、法然の立場は大乗仏教の根底にある菩《ぼ》提心《だいしん》を否定したものだと厳しく批判した。これは法然の念仏を、本覚思想の修行否定論に類するものと位置づけたものである。親鸞の信を重視する思想、道元の現成《げんじょう》公案《こうあん》の思想も、本覚思想と近似した現実肯定的な色彩を強く持っている。もちろんそれらを直ちに本覚思想と関連づけるのは危険であるが、同時代の思想としてその近似性も十分に念頭において考えるべきであろう。

仏性論の見方

最後に、再び如来蔵＝仏性の思想について戻ってみると、それについても、本覚思想と同様に本来の仏教と認められないという批判が提示されている。すでに述べたように、確かにそれは実体論的な方向性を含み、きわどい位置に立つ思想ではあるが、このことはそもそも原始仏教以来、仏教に内在する曖昧さに由来するものである。むしろ重要な

（12）第15章参照。

問題は、如来蔵なり仏性なりで何を意味しようというのかという点である。あえていえば、いつか将来ブッダになることができるという可能性よりも、むしろ、いまここで他者との関わりの中にあって菩薩としての自己を生き抜くことの方が、重要ともいえるのではないだろうか。

道元は、『涅槃経』の「悉有仏性《しつうぶっしょう》」を「悉有は仏性なり」と読み変えた。それにより、仏性とは内在的なものではなく、ブッダとしてのあり方が完全に実現していることを意味するように転換した。すなわち、現にある一切存在は、そこでそのままブッダとして完全に実現しているというのである。本覚思想と紙一重ながら、遠い将来ではなく、いま現にここでブッダたることが実現していると主張するのである。傾聴すべき一つの仏性解釈であろう。

14　差別と平等

1　仏教の平等観

ラディカルな階級批判

よく知られているように、インドはカーストの国である。カーストという言葉はもともとポルトガル語に由来し、サンスクリット語ではヴァルナ、またはジャーティと呼ばれる。ヴァルナは色という意味であり、アーリア人がインドを征服した際、肌の色の違う先住の人たちを奴隷化したのが起源だとされる。その後、バラモン（ブラーフマナ、祭祀者）・クシャトリヤ（王族）・ヴァイシャ（商工業者）・シュードラ（隷属民）の四階級が確立し、その後のインド社会の基礎をつくる。

ヴァルナが建前的に身分構成を作るのに対して、ジャーティの方は実質的に社会の中で機能している職業集団を作る。ジャーティは生まれという意味であるが、床屋とか洗濯屋とか鍛冶屋とか、それぞれが職業集団を構成し、生まれつきその職業が決められ、それぞれの集団の中で結婚が行われるなど、閉鎖的な集団を形成している。ジャーティは、異民族の侵略など厳しい条件の中で、共同の利益を守るために発展したもので、その存在にはそれなりの必然性があって、一概に否定はできないが、社会を固定化させるとともに、顕著な階級差別を今日まで残すことになった。

　では、仏教ではこのような差別をどのように考えるのだろうか。仏教が形成された紀元前五～四世紀の都市国家時代から、その後のマウリヤ朝時代は、比較的カーストの制約が緩んだ時代で、ウパニシャッドの中にさえ、バラモンがクシャトリヤにしてやられるところが出てくる。そうした時代に形成された思想の中でも、特に仏教は、階級に対してラディカルに批判的な態度を取った。『スッタ・ニパータ』の中には、「生れによって賤しい人となるのではない。生れによってバラモンとなるのではない。行為によって賤しい人ともなり、行為によってバラモンともなる」（中村元訳）という有名な文句がある。ここでは明白に、生まれによる身分の差別を批判し、その人が何をするかという行為こそが重要である、という視点を提示している。実際、少なくとも教団の中で、カーストによって差別することは全くなかったと思われ、その点一貫した態度を取っている。

アンベードカルの仏教復興

現代において、ブッダのこのカースト否定の態度に強い共感を示したのが、不可触民解放の指導者であったアンベードカル（一八九一―一九五六）である。不可触民というのは、ヴァルナの四階級のさらに下にいる階級外の最下層の人々で、厳しい差別に喘ぎ、その解放はインドの近代化に当たって最大の課題となった。現代インドの父と称えられるガンディーは、彼らをハリジャン（神の子）と呼んでその解放に努めたが、自ら不可触民の出身であるアンベードカルはこのガンディーの運動を批判し、不可触民自身が自らの位置を自覚し、解放に立ち上がるべきことを説いた。

　こうしてアンベードカルが行き着いたのが仏教である。というのも、インドの正統的な宗教であるヒンドゥー教を採用すれば、カースト制の枠に自らを埋め込むことになるので、カーストを否定し、平等な立場から自由な信仰が許される宗教として、仏教が最適と考えられたのである。一九五六年に、アンベードカルは多数の不可触民とともに仏教に改宗し、長い間断絶していたインドの仏教が復活した。彼らは新仏教徒と呼ばれ、仏教の平等の理念を現代に生かす運動として注目されている。

　このように、仏教は差別に反対する立場を取り、差別否定運動を支える大きな力となる一面を持っている。[1] しかし、それではすべて仏教は差別否定を貫いているかというと、必ずしもそうともいえず、むしろ現実には差別に荷担している面も少なくない。仏教と差別の問題は、もう少し込み入っているように思われる。

（1）差別問題だけでなく、社会問題や環境問題などに積極的に関与しようとする現代の仏教のあり方を社会参加仏教（Engaged Buddhism）と呼び、アジアのみならず、欧米でも注目されている。

2 業と輪廻

差別の思想

インドのカーストの差別は、業《ごう》と輪廻《りんね》の説に密接に結びついている。業と輪廻についてはすでに触れたが、行為の善悪によって次の生の境遇が決まり、それを永遠に繰り返すというものである。その際、生まれ変わる境遇としては、上は天の神々から、下はさまざまな動物や、さらには地獄が考えられ、それを六道《ろくどう》に整理する。この業―輪廻の思想が差別に結びつく。というのも、低いカーストやカースト外の不可触民に生まれるのも、やはり悪い行為をなした報いと考えられるからである。

これはインドのことだけではなく、日本でも江戸時代、被差別部落に布教する際、そのような境遇に生まれたのは前世が悪かったからであり、それゆえ現世の境遇を甘んじて認め、その代わりに現世でよい行いをして来世によい生まれを得るようにと勧められた。このように、業―輪廻の思想は差別を固定化し、よい境遇の人には自分が恵まれていることを合理化し、悪い境遇の人にはその境遇に甘んじるように諦めさせる役割を果たしてきた。社会的な階層だけでなく、身体の欠陥や夭折、その他さまざまな不幸もこうして説明された。

業―輪廻の思想は、一面では確かに合理的な側面を持っている。現世の範囲だけで考えると、善良な人が不幸に陥ったり、悪いことばかりしている人が安楽に一生を終える例は少なくなく、あまりに不合理、不平等が多すぎる。来世観の稀薄な中国では、高潔に正義を貫いた伯夷《はくい》・叔斉《しゅくせい》が餓死しなければならなかった話[2]を『史記《しき》』に記した司馬遷《しばせん》は、なぜ正しい二人がこのような目にあわなければならないのか解決できず、「天道是《てんどうぜ》か非《ひ》か」と慨嘆した。キリスト教のような絶対神の裁きという思想の場合は、来世の神の裁きで帳尻が合わされるとしても、現世で、どうしてある人は善良でありながら苦難ばかりを負わなければならないかまでは、説明できない。

　これに対して、業—輪廻の思想は前世と来世の両方を持ち込むことによって、この難問を一気に解決する。現世の苦難は、前世の悪に対する帳尻合わせであり、現世の幸福が足りないところは、来世で補われるというのである。説明としてはこれ以上ない完璧なものである。それゆえ、仏教もその思想を採用し、仏教を通して他の文化圏へも広まることになった。

仏教の「業—輪廻」説

　仏教において業—輪廻を説明するもっとも有名な説は、説一切有《せついっさいう》部《ぶ》の三世両重《さんぜりょうじゅう》の因縁である。これは十二縁起（十二因縁）を、前世—今世—来世にわたる三世の業と輪廻の関係として説明するもので、すでに簡単に触れたが、以下のようなものである。

(2) 周の武王が殷《いん》の悪逆の紂《ちゅう》王《おう》を討ったとき、伯夷と叔斉の兄弟は、臣が君を弑《しい》することを批判して諫めたが聞き入れられず、周の天下統一後、その粟を食らうことを恥じて山中に籠って餓死したと伝える。

無明《むみょう》（過去世の惑《わく》）・行《ぎょう》（過去世の業）——過去世の因┐
識・名色《みょうしき》・六処《ろくしょ》・触《そく》・受《じゅ》（現在世の苦）——現在世の果┘第一重
愛・取（現在世の惑）・有《う》（現在世の業）——現在世の因┐
生《しょう》・老死（未来世の苦）——未来世の果┘第二重

識・名色・六処は、それぞれ母胎の中で胎児が形成される過程、触は誕生したばかりのときの認識作用と解釈される。また、受は少年時代の感受作用、愛はそれ以後の欲望で、それが増長して未来の果を招くことになる。このように三世両重の因縁は、我々自身のうちに知らないうちに巣食い、我々自身でも統御できない煩悩の鎖を、非常に見事に説明している。このように個人の反省の原理としては、業—輪廻の説も有効性を持つといえるが、それを超えて社会の現実を説明する原理とされるところに、問題が起こるのである。

ちなみに、無我の立場に立ち、霊魂の実在を認めない仏教の場合、輪廻の主体が何かを説明するのが厄介である。何故ならば、五蘊《ごうん》が死によって解体してしまえば、何も残らないはずだからである。それに対する説明は部派によって異なるが、説一切有部によると、強力な行為は、その影響力を感覚的に把握できない無表業《むひょうごう》（無表色《むひょうしき》）として残し、それが肉体の死後、微細な五蘊からなる主体を通じて、来世の生存に引き継がれると考えた。

なお、死後四十九日は中有《ちゅうう》と呼ばれて来世に生まれ変わる中間状態で、その間に、もはや善行を行うことのできない死者の代わりに生きているものが功徳を積むと、その力でよい生まれを得ることができると信じられた。死後の供養がなされるのはこのためである。もっともその場合、自分の業の結果は自分で引き受けるという自業自得《じごうじとく》の原則が成り立たなくなるが、このように自分の行為の功徳を他の人に振り向けることは、廻向《えこう》[3]と呼ばれて原始仏典にも出てくる。

(3)　廻向は回向とも書く。原語 pariṇāma は展開すること、変化することなどの意。

中国における神滅不滅論争

輪廻説をどう受け入れるかはなかなか難しい問題であり、特にもともと輪廻思想の伝統を持たない中国で仏教を受け入れたとき、もっとも大きな議論の的となった。死後に関する中国人の表象には曖昧なところがあるが、知識人の伝統としては来世を認めない傾向が有力で、それゆえに先に挙げた司馬遷のような疑問も出てくるのである。それに対して、仏教がはじめて輪廻説を持ち込み、道徳的善悪と禍福の関係が、現世のみに留まらないことを明らかにしたのである。

ところがここに問題が生じた。それは今述べた輪廻の主体をどう考えるかということで、そこで仏教とそれに反対する勢力の間で争われたのが、神滅不滅《しんめつふめつ》の論争である。「神」というのは、「精神」の「神」で、霊魂と考えてよい。すなわち霊魂の不滅を認めるか否かという問題であり、この点をめぐって、四世紀末から五世紀始め頃、当時の仏教界の指導的な位置にあった慧《え》遠《おん》周辺で論争が起こった。興味深いことに、仏教側が神不滅の立場を取り、神滅の立場を取る中国固有の立場を取る論者と対抗したのである[4]。神滅の立場は来世を認めない立場であるが、それに対抗して、無我の立場を取るはずの仏教側が霊魂不滅論の立場を主張しているわけで、矛盾しているともいえる。しかし、こうした形で主張しない限り、中国人に業―輪廻を受け入れさせることはできなかったのである。

（4）神不滅論を説いた代表は慧遠の『沙門王者不敬論』である。これに対して、儒教の立場に立つ范縝《はんしん》の『神滅論』などが書かれた。

業―輪廻説をどう見るか

いずれにせよこの後、業―輪廻の説は、いわゆる因果《いんが》応報《おうほう》説として東アジアでも定着してゆく。しかしその際、本当にそれが正しく受け入れられているかというと疑問がある。例えば、「親の因果が子に報いる」という言い方がなされるが、これは自業自得の原則からいうと奇妙である。また、死後四十九日経て輪廻するという説に従うならば、その後生きている人たちがいくら功徳を廻向しても、もはや意味はないはずであるが、実際には一周忌から三回忌、七回忌と続き、日本の中世以降は三十三回忌まで行われる。これは仏教自体の原理からは説明できず、むしろ、人が死んで祖先神に一体化してゆくという、日本の民俗化した発想から説明される。

　このようにみてくると、はたして業―輪廻の説をどうしても受け入れる必要があるかどうか、もう一度検討し直す必要があろう。仏教は、業―輪廻の説を前提とするインド思想の流れの中にあって、必ずしもそれを前提とせずに理解できる要素が少なくない。もちろん業―輪廻の説が持つ優れた点も認めなければならない。業―輪廻の説は、私たちの中に巣食う、醜く頑固な欲望の由来と、その癒しがたさを教えてくれる。前章で触れた「無始の無明」とは、こうして現世に生まれる以前から、その始めさえも分からないほどの過去世の積み重ねの中で蓄積されてきた無明のことである。それは現世でさらに一層悪化の度合いを深め、未来永劫にわたって続いてゆく。その深さに気づくとき、私たちは慄然としないわけにいかない。その絶望から、はじめて人生を真剣に考えてゆく端緒が得られるのである。

　しかし、にもかかわらず業―輪廻の思想が差別の固定化を招いたり、あるいは場合によっては、仏教が人々を脅すのに用いられるとしたら、非常に危険な思想である。不幸に苦しむ人に向かって、あなたの不幸は過去の業によるのだから、その業を断つために必要だといって、理不尽な要求をして、人の不幸を食い物にする宗教もないわけではない。

　業―輪廻の説は、先に触れた大乗経典の神話的言説と同じレヴェルの言語とみるべきであろう。それは事実を説明する言葉ではない。事実として自分が過去世にいつどこでどのような境遇であった、というのはおよそナンセンスで、証明できない。しかし、私たち自身の内側を省みるとき、現世だけで解決のつかない問題があまりに深く根差している。それは「無始の無明」と同質のことであり、私の心の奥底の、由来の知れない何ものかである。その次元ではじめて現世を超えた業ということが意味を持ってくる。それを事実の問題と取り違えないことが、仏教が差別の思想に陥らないためにも重要であろう。

3　一乗と三乗

最澄と徳一の論争

先に『法華経』の一乗思想について触れ、そこでは『法華経』の迹門《しゃくもん》を他者論として読む、という方向を主として論じた。しかし、一乗思想から仏性思想への展開は、何よりも仏教における平等思想の原点となるもので、すべての衆生が等しくブッダの悟りに至ると説くことによって、仏教の理想に関してすべての衆生の平等性を謳うものである。そうした一乗思想や仏性説を強く主張し、それに反対する勢力と論争になった例として、日本の最澄《さいちょう》の徳一《とくいつ》に対する論争が挙げられる。

日本の天台宗の確立者最澄は、晩年、会津にいた法相《ほっそう》宗の学者徳一と大論争を行った。(5) この論争で徳一側が主張したのが、三乗説であり五性《ごしょう》（姓）各別説である。これらの説は、衆生にはそれぞれ本来的に素質が定まっていて、それは変えようがないのだから、一乗説や悉有仏性説《しつうぶっしょうせつ》はまちがっているというのである。三乗説は声聞《しょうもん》・縁覚《えんがく》・菩薩の道は各別であり、誰もが成仏できるという一乗説はまちがっているというものである。また、五性各別説は、衆生の素質が以下の五つのいずれかに定まっているというものであ

(5) 最澄は『守護国界章』をはじめとする一連の著作を表わした。この論争に関する徳一側の著作はすべて失われ、最澄の著作中の引用から知られるのみである。

る。

①声聞定性《しょうもんじょうしょう》——声聞となることが定まっている衆生
②縁覚定性——縁覚となることが定まっている衆生
③菩薩定性——菩薩として進むことが定まっている衆生
④不定性《ふじょうしょう》——いずれになるか定まっていない衆生
⑤無性《むしょう》——いずれの能力もない衆生

④の衆生のみさまざまな可能性が認められるが、他はすべて定まっており、特に⑤は何をしても救いようがないことになる。それに対して最澄は一乗説と悉有仏性説を掲げて大論争となった。

もっとも、このようにいったからといって、法相宗側が天台宗側より、必ずしもより差別的だったとも断言できない。徳一は徳一菩薩とも称されたように、その教化の活動は広く及んでおり、決して偏狭な立場の人ではない。それに対して、一乗説・仏性説の側が、必ずしも反差別的な立場を堅持したわけでもない。同一の仏性を持っているということは、現実社会でも平等を主張することと同一ではない。一乗説や仏性説が、未来における成仏の平等性を保証することによって、現世では不平等の現実に眼をつぶらせる面もなかったわけではない。それは業—輪廻説が、不平等の現実を是認させるはたらきをしたのと同様である。まして仏性説の極限である本覚思想では、すべてがあるがままでよいことになり、現状の差別はそのまま認められることになってしまう。

『法華経』における差別と平等

このように、差別と平等とは複雑に入り組み、必ずしも一概にいえない問題を抱えている。ここでは、一乗説の原点であり、東アジアに大きな影響を及ぼした『法華経』の場合を取り上げて、もう少し考えてみよう。『法華経』は一方では一乗説で平等の理念を高く掲げるとともに、他方ではさまざまな差別の源泉ともなっている。例えば、『法華経』の譬喩品《ひゆほん》では、『法華経』を誹謗するとさまざまな悪い境遇に生まれるとしているが、その中で、もし人間に生まれても身体に欠陥があるとして、身体障害者に対する明白な差別が表明されている。また、安楽行品《あんらくぎょうほん》では、菩薩が親しくしてはいけない人の中に、旃陀羅《せんだら》（チャンダーラ）と呼ばれる被差別民や、漁師などの殺生をしなければならない職業の人も挙げられている。

もちろんその時代の常識というものがあるから、現代においてその言葉だけ取り出して批判することは適当ではないが、しかしまた、『法華経』のように影響力の大きい経典の場合、そこに記された差別的な表現が、その影響を受けた社会でさらに新たに差別を再生産していった、という経緯も考えなければならない。

また、『法華経』の場合、その一面に、一乗思想に基づく雄大な平等主義の理想があると同時に、他方、『法華経』自体の信仰が表面に出るとき、偏狭なセクト主義的な態度に変わることも注意しなければならない。『法華経』信仰に伴う強烈なエリート主義は、一方で強い信仰と実践、そして布教の力を生み出したが、他方でそれが差別主義を生んでいることにも、十分な注意を払わなければならない。

仏教の女性観

ここで、女性の差別について触れておこう。そもそも仏教は、女性に対して冷たい宗教だといえる。ブッダの伝記などをみると、そこには女性やセックスに対する過度の潔癖さが目につく。しかし他方、初期の比丘尼《びくに》たちの詩を集めた『テーリー・ガーター』にみられるように、比丘尼たちも高い境地に達して、その自由な世界を謳っている。女性への蔑視は仏教だけというよりは、当時の社会に共通するものであるが、仏典の中では女人五障《にょにんごしょう》説が有名である。これは女性はブッダ・転輪王《てんりんおう》・帝釈天《たいしゃくてん》・魔王・梵天《ぼんてん》になれないとするもので、日本では『法華経』を通して広まった。

『法華経』における女性の扱いについては、提婆《だいば》達多《だった》品《ほん》における竜女《りゅうにょ》（竜王の娘）の成仏が有名である。そこでは、五障説により女性はブッダになれないとしながら、竜女は男性に転ずることによって成仏するという構造になっている。いわゆる変成男子《へんじょうなんし》説である。変成男子説は二重の構造を持っている。すなわち、一方で女性はそのままでは成仏できないという差別観に立ちつつ、他方ではそれを前提とした上で、変成男子といういわば抜け道を取って、女性の成仏を可能にしている。それゆえ、それを評価するにも、女性差別という面からみることができるとともに、そのような社会の中で女性の成仏を可能にしたという積極面からみることもできるのである。

差別の問題はケガレの問題とも関係して、なお考えるべき問題が多い。(6) このようにさまざまな要素が絡み合っていることを考え、短絡的にならず、それらを解きほぐしながら進んでいくことが必要であろう。

(6) 日本では、女性の差別はケガレの問題と密接に関係する。血のケガレは死のケガレとともに強く忌まれ、女性の出産や月経がその対象となった。

15 思想史の中の仏教

1 思想史の中の仏教

インドと中国における過渡期の思想

　これまで仏教思想をそれ自体の枠の中で論じてきたので、ここでは仏教思想が、それ以外のアジアの諸思想とどのように関わるかを考えてみたい。アジアの中で仏教が今日まで勢力を持っているのは、南伝系のスリランカや東南アジアの国々、チベット、そして日本である。ただし、日本では近世以降、必ずしも思想界の主流を占めることができなかった。これに対して、インドでは仏教は中世に滅び、中国では滅びはしないが、思想界の主流からは全く外れてしまう。この点では日本と似ているが、日本の方が仏教が民衆の中に強い影響力を残している。朝鮮もまた、仏教が完全に滅びたわけではないが、李朝の弾圧政策によってその生命力を失った。

　インドと中国の場合を中心に考えてみると、いずれも仏教以前に土着の古代思想が大きく発展していた。インドではヴェーダやウパニシャッドであり、中国では古代の儒教や老荘などである。仏教はそうした土着的な思想へのアンチ・テーゼとして展開した。その結果、古代末期頃には仏教は一大勢力となり、土着的な思想を圧倒して思想宗教界の主流となった。インドでは紀元前三世紀頃のアショーカ王を中心とするマウルヤ朝時代、中国では六朝末期から唐代である。

ところが、その後再び土着的な思想が台頭するにつれて、仏教は勢力を弱め、思想界の主流から離れてしまう。インドでいえばヒンドゥー教[1]で、哲学的には六派の正統派哲学[2]、特にヴェーダーンタ派の哲学である。中国では宗教的には道教で、より思想的には宋明代の新儒学である。興味深いことに、これらの新しい思想や宗教は、仏教の一派であるといってもよいくらい仏教の影響をたっぷりと受けていた。それほど思想的宗教的に仏教は、高度の成果を達成していたのである。すなわち、仏教は土着の古代思想から、再び土着の中世・近世思想が形成されてくる過渡期において、両者を橋渡しするような思想史的な位置を占めるのである。

日本の独自性

日本の場合、それほど露骨でないのは、一つには日本にはそれほど高度な古代文化がなかったからである。仏教の伝来によってはじめて本格的な高度の思想が形成された点は、東南アジアやチベットと似ている。しかし、東南アジアやチベットでは、その後仏

(1) 中世以後発展するヒンドゥー教に対して、ヴェーダやウパニシャッド時代の宗教をバラモン教と呼ぶことがある。

(2) ヴェーダーンタ、ミーマーンサ、サーンキヤ、ヨーガ、ニヤーヤ、ヴァイシェーシカの諸学派。

教に対抗できるような高度の思想・宗教が形成されなかったのに対して、日本では神道が発展し、また近世になると儒教が思想界の主流となった。この点では、仏教が土着思想に主流の位置を明け渡すインドや中国と類似している。しかも、中世の神道などが、仏教の大きな影響下に思想形成をしている点も似ている。

ここでは、こうした仏教の位置づけを念頭に置きながら、特に仏教以後の思想・宗教との関係を中心に、インド・中国・日本それぞれの場合について考えてみたい。

2　インドの場合

シャンカラの不二一元論

インドのヒンドゥー教の主要な原型は、だいたい大乗仏教が成立するころ形成された。その点では、大乗仏教とヒンドゥー教とは性格的に類似したところが少なくない。古代のヴェーダやウパニシャッドに較べて、ヒンドゥー教ははるかに民衆的であり、一般の民衆の救済を積極的に図っている。この点で大乗仏教とよく似ている。

ヒンドゥー教の聖典としては、『マハーバーラタ』『ラーマーヤナ』の二大叙事詩、『プラーナ』と呼ばれる聖典類などがある。大きく分けてヴィシュヌ派とシヴァ派の二つの流れがあり、ヴィシュヌ神は観音菩薩と同じく、さまざまな化身（アヴァターラ）を現わして人々を救済する。その主要な十の化身[3]のひとつにブッダがあるが、ブッダはまちがった教えを説いて、それによって邪悪な人々を自滅させるという役割を与えられ

（3）ヴィシュヌは魚、亀、野猪、人獅子、矮人、バラシュラーマ、ラーマ、クリシュナ、ブッタ、カルキという十の化身をとるという。

ている。

　哲学的には、中世のさまざまな潮流はすべて仏教と何らかの関係を持っている。特に後期の仏教は、認識論や論理学に関して非常に精密な議論を展開し、仏教以外の諸派も仏教と交渉を持ち、論争をしながら、仏教からもさまざまな面を摂取してゆく。インドの正統派の哲学の中ではヴェーダーンタ派がもっとも正統的な位置を占めるが、その中でもいちばん大きな影響を残しているのは、シャンカラ（七〇〇―七五〇頃）の不二《ふに》一元論である。シャンカラによれば、ブラフマン＝アートマンこそ世界の唯一の実在であり、現象世界は無明《むみよう》によってブラフマンがあたかも幻のように展開するのであり、実在するものではないとされる。それ故、非実在の現象世界から、ブラフマン＝アートマンの根源に立ち戻ることによって解脱するとされる。

　このように、シャンカラは仏教の無明の概念を採用し、それによって迷いの現象世界を解明している。また、この現象世界を実体がないと考えるところでも、仏教と極めて近似している。それに対して、決定的な違いは、仏教はその無実体的な現象の背後に一切実体的なものを拒否するのに対して、シャンカラでは、ブラフマン＝アートマンを根源的で唯一の実体として認めることである。シャンカラは、その反対派から仮面の仏教徒といわれたほど仏教の影響を受けながら、その一点において仏教と決定的に対立する。そして、その後のインド哲学の綱要書の中で、仏教はいつも異端の最たるもの、唯物論についで悪い思想とのレッテルを貼られることになる。

なぜ過渡期の思想なのか

仏教がこのように過渡的な位置を占めるのはどうしてであろうか。先に述べたように、仏教の無我＝無《む》自性《じしょう》＝空《くう》は極めて不安定な思想である。積極的なものが何も提示できず、原始仏教の無記《むき》にみられるように、肝腎の問題に対して判断を停止しなければならず、また、ナーガールジュナにみられるように、否定の論法は鋭くても、積極的、肯定的なものが提示できない。自らの思想の中核に否定を含むので、いわば自己否定的になり、自分自身をも確定的なものとして主張できないのである。それゆえ、一方ではそれに甘んじることができず、真如《しんにょ》とか法身《ほっしん》とかいう肯定的な形で真理を表現しようという傾向も生まれてくる。しかし、それらもまた裏に常に空を持つので、ブラフマン＝アートマンのように強力に実在性を主張することができない。

このような仏教の本質的な否定性が、仏教の固定化を防ぎ、生き生きと活動する宗教にし、また、土着の枠にはまらずに自由に文化を横断することを可能にし、常に定着するものに対して厳しい批判の態度を養うことになった。しかし、まさにその点が逆からみれば仏教の弱点となり、より安定的な思想に席を譲ることになったと考えられる。このことはインドだけでなく、中国や日本においても似た事情ではなかったかと思われる。

3　中国の場合

仏教と道教

中国において、仏教が土着の中国的な思想とのさまざまな論争に巻き込まれたことは、すでに神滅不滅論争においてその一端に触れた。中国には中華思想といって、中国の文化こそ最高であるという自信が強く、外来思想には風当たりが強い。それにもかかわらず仏教がかなりの勢力を持ち得たのは、一つには仏教が拡大した六朝時代は、中国の伝統的な価値観が揺らいだ時代で、外来の仏教も浸透しやすかったこともあるが、また、仏教が今までの中国にない新しい思考法をもたらしたという点も無視できない。業―輪廻の思想は、特に死後の運命についてはっきりした表象を持てなかった中国の人々に、強い刺激と魅力を持った。

中国の土着の宗教というと、道教が思い浮かべられるが、道教の起源は紀元二世紀頃、ちょうど仏教が伝来する頃である。中国にも古代に儒家や老荘、また諸子百家の学が栄えるが、それらは哲学思想であり、道教のような宗教にはなっておらず、道教の成立は通常、後漢の太平道《たいへいどう》と五斗《ごと》米道《べいどう》の運動[4]に求められる。その後、道教もまた仏教と交渉しつつ発展するが、初期の道教は、より組織的、体系的な仏教から学ぶところが少なくなかった。さまざまな宗教儀式の整備や経典の編纂に当たって、仏教が極めて大きな影響を与え、道教経典の中には、仏教教典をほとんどそのまま換骨奪胎したものも少なくな

（4）太平道は張角によって広められ、黄巾《こうきん》の乱（一八四）へと発展した。五斗米道は張陵によって創始され、四川省を中心に広まった。天師道ともいう。

い。

そうした中で、仏教と道教の違いがどこに求められたかというと、六世紀後半の甄鸞《しんらん》『笑道論《しょうどうろん》』には、仏教は因果の教えであり、道教は自然《じねん》の教えであると特徴づけている。自然というのは人為を超えてあるがままに任せることで、『老子』でもっとも重視された概念であり、「無為自然」という熟語がその性格をよく表わしている。仏教のように現世的な欲望に否定的な態度を取るのではなく、人間の欲望を調整しながら長生不死の道を求めるのを理想とする。それ故、仏教のように理想が現実と対立することなく、現世的なものの延長上に理想が考えられるところに特徴がある。現世的な中国人の発想に従ったものといえよう。

道教は、一時期は知識人にも大きな影響を与えるが、宋代以後は儒教の復活とともに、知識人の世界では勢力を弱めてゆく。中国では政治倫理を中心に据える儒学が、あくまでも正統の思想であり、個人の解脱や幸福に中心を置く仏教や道教は、高い評価は与えられなかった。それゆえ、仏教や道教はむしろ民衆の世界に広がりを持ってゆく。しかし、宋代以後、特に明代以後、知識人の関与が少なかったことによって、思想としての洗練を欠くことになった。

朱子学と陽明学への影響

ところで、インドで正統派のヴェーダーンタ派の哲学が形成されるのに、仏教が大きな影響を与えたのと同様、中国でも宋明代の新儒教が形成されるのに、仏教が大きな影響を与えた。宋代の儒教は朱子（朱熹《しゅき》、一一三〇―一二〇〇）によって大成されるが、明代の儒学は王陽明（王守仁《おうしゅじん》、一四七二―一五二八）によって、そのいずれもが仏教、特に禅の影響を大きく受けている。そもそも中国の儒教は、政治倫理を中心に置くため、個人の内面の問題への追究が不十分だった。それに対して、朱子や王陽明の思想では、個人の内面的な自己の確立に大きな意味を見出したが、これは明らかに仏教の影響による。

　他方、朱子は、宇宙的な法則性でもある天の理によって人間の欲望を制御すべきことを説き、宇宙の法則と道徳的世界が一体化する雄大な体系を打ち立てたが、この両面はともに、仏教では不十分だった点である。仏教では自己の内面的な問題に重点が置かれるから、客観的な外側の世界の法則性の追究という点が不十分になった。それゆえ、仏教ではこの世界がどのような起源を持ち、どのような構造を持つかというような、科学的な関心が乏しく、また、世俗的な政治や倫理の秩序にも、あくまで補助的な役割しか与えられなかった。この点がまさに儒教によって攻撃されるところとなり、朱子では、このような伝統的な儒教の思想を復活するとともに、従来の儒教で弱かった個人の主体の確立という問題を、仏教を取り入れることによって補おうとしたのである。そして、そのような形で中国的な思想の体系が完結すると、もはや仏教は不必要であり、したがって知識人の思想から排除されるようになってしまった。

　王陽明の思想は、朱子に較べて心を重視する。朱子のような客観的な基準よりも、心の中に基準を求めようとして、その意味で仏教的な主体論に戻るかのようにみえる。しかし、そこではすでに仏教的な世俗超越ではなく、あくまで世俗的な領域での道徳的なあり方を核においた、心の追求であるから、仏教における心の追求と似ていながら、その領域そのものがずれてしまっている。このようにインドの場合と同様、中国でも、土着的な思想がその理論武装をするのに仏教の論理を借り、ひとたび自らの立場を確立するとともに、仏教は捨てられ、批判される対象となってしまう。中国でもやはり思想史の流れをみるかぎり、仏教は過渡的な思想であったということができよう。

4　日本の場合

受容から神仏習合へ

日本にはインドや中国のように、仏教と対立する古代の有力な思想はなかった。しかし、仏教が伝来したとき、反仏教派と争いがあったと伝えられるように、土着勢力との軋轢《あつれき》があったことも否定できない。日本においては、このような土着的な思想が、仏教以前にははっきりとした論理的な思弁の形を取ることができず、かえって仏教の進展とともに、その影響下に次第に土着の神崇拝が明確に自覚されるようになった。その過程で、仏教の仏と土着の神とが緊密に関係する神仏習合が発展した。

神仏習合にはいくつかの形態が考えられる。第一は日本の神を迷える存在とみて、仏教によってそれを救うという考え方である。第二は神が仏法を守護するという考え方である。これらはインドの神と仏教との関係をもとに、それと類比的な形態が考えられたものといえる。第三は本地垂迹説《ほんじすいじやくせつ》で、日本の神は、仏や菩薩が日本の衆生を救済するために、姿を変えて出現したものだという考え方である。この第三の方向が、平安時代以降大きく発展する。この発想がどこから出てきたかは、一概にはいえない。密教には、明王《みょうおう》などは仏・菩薩の衆生教化のための姿だという考えがあり、また、本地垂迹という用語は、『法華経』の本門《ほんもん》・迹門《しやくもん》と関係が深い。

　本地垂迹説は、はじめは漠然と日本の神は仏の現われだといわれていたのが、平安末頃からはどの神がどの仏の垂迹であるかということが、一々規定されるようになった。例えば、熊野の三社は阿弥陀・薬師・観音に当たり、日吉《ひよし》は釈迦に当たるという具合である。このような本地垂迹の理論は一見、神道が仏教に服従するようにみえるが、必ずしもそうとばかりもいえず、むしろ仏教が土着の神々を無視したり、滅ぼしたりすることができず、それ相当の位置づけを与えざるをえなかったという点で、仏教側が大きく譲歩した結果だともいえる。服従するような形を取りながら、実はその力を認めさせてしまう土着の神々の力には、なかなかにしぶといものがある。

神道の優越

　実際、中世になると、神仏関係における仏教の優位性は揺らいでくる。身近な現世的な存在がそのまま悟りの世界の現われと理解される本覚《ほんがく》思想の発想によると、現世に世俗的な姿を現わしている日本の神は、そのまま究極の悟りの世界の存在であり、世俗を超えて超然としている仏よりも優れた存在ということにもなってくる。実際、中世には仏本神迹《ぶつほんしんじゃく》から神本仏迹《しんほんぶつじゃく》へという発想の転換がみられる。中世の神道理論は、こうした中から仏教理論を最大限活用しながら展開する。山王《さんのう》神道や両部《りょうぶ》神道[5]のような神仏習合的な理論と同時に、伊勢神道などでは仏教を排除したり、あるいは仏教より優位に立つことを主張する理論も出てきた。特に吉田兼倶《かねとも》（一四三五—一五一一）による唯一神道の創唱は、神道理論を仏教に優越するものとして確立したという点で、画期的なものである。

（5）山王神道は天台系の神道で、日吉社を中心とする。両部神道は密教系の神道で、伊勢の内宮と外宮の関係を曼荼羅の両部と関連づけるところから、こう呼ばれる。

こうした理論で、神道側が仏教より優越すると主張する論点はどこにあるかというと、神道は天地発生の根源から説明するのに対して、仏教はそれがないという点が大きなものであった。仏教の客観的世界に関する理論的な弱点を突くのは、中国でもみられたところであったが、日本ではそれが天地創造神話から展開して、歴史的世界における天皇の権威というところまで議論が進むことになった。こうした問題に関して仏教は、結局発言力を持たず、その力を弱めていくことになった。

保持された影響力

近世になると儒教が有力になった。中でも朱子学が正統とされたが、中国の場合のように絶対的な権威はもたず、また、宇宙論から道徳的主体論まで貫くような雄大な理論は展開しなかった。その中で排仏論が強く主張されたが、その大きな理由は、仏教が世俗倫理を無視するという点であった。ただ、中国の場合と違って、仏教は近世に至ってもかなり勢力を保ち、また、知識人の間にも影響を保持したので、思想界の主流を外れたといっても、少なくとも重要な思想潮流ではあり続けた。近世に仏教が大きな勢力を保持し続けたのは、もちろん政治的に寺檀制度が固定化されたという外的な力もあったが、それだけでなく、仏教の影響が上層の思想のみならず、民俗的な文化の基層まで及んだということが大きかった。

死者との関わりに関しても、一面では仏教的であるとともに、仏教だけでは説明できない民俗的な要素と深く結合して、葬式仏教として定着することになった。それゆえ、明治になって政治的な強制がなくなっても、仏教は日本人の生活から姿を消すことなく、影響力を保持し得たのである。もちろん、だからといってそれを単純にプラスに評価することも危険である。そのように民俗に同化することによって、仏教はすっかり姿を変えてしまい、何よりも、もともと仏教が持っていた鋭い批判精神が失われてしまうことにもなりかねない。一方で仏教の多面的な展開を評価するとともに、他方で常にそれに対する批判的な精神を持ち続けることが重要と思われる。

進んで仏教を学ぶ人のために

何を学ぶか

仏教を学ぶには二つの道がある。一つは実践の道であり、念仏や坐禅を始め、日常生活の中で、あるいは寺院などで実践する。また、信心を深める説教もなされ、そのような本も数多く出版されている。もう一つは知的に仏教を知り、考える道であり、学問的・研究的な方法ということができる。ここでは、第二の道について、何を、どこで、どのように学んだらよいのか、簡単なガイドをしたい。

仏教を学び、研究する学問を仏教学という。江戸時代には各宗派で学林などという名で僧侶の教育機関を作り、それぞれの宗派の教学と、その基礎となる全般的な仏教教学の研究教授を行う体制が整った。宗派の教学を宗乗《しゅうじょう》、基礎となる仏教研究を余乗《よじょう》と呼ぶ。近代の仏教学は、この余乗の流れの上に、欧米の新しい東洋研究、とりわけインド学の方法を取り入れたものである。宗乗は、今日では宗学と呼ばれ、各宗派で独自の教学を展開している。

欧米の方法を取り入れた近代的な仏教学の方法の最大の特徴は、サンスクリット語（梵語）をはじめ、パーリ語やチベット語の原典研究がその中心を占めるようになった点にある。それまで漢文の仏典だけしか知られていなかった段階では、インドの知識は間接的でしかなかったが、いまや直接に経典の原義が知られるようになったのである。これは仏教の理解に決定的な進歩を生むことになった。原始仏教から大乗仏教へというインド仏教の展開は、このような原典研究によって初めて明白なものになったのである。

今日でも仏教学は、ある面では江戸時代以来の各宗派の僧侶の基礎的な学問という面を持ち続けている。しかし他面、そのような宗派性にとらわれずに、一般の人が東洋の叡智の一つの結晶である仏教の思索の流れを振り返り、現代に生かすための開かれた学問という面が当然あり、今日、そのような側面が次第に強くなりつつある。本書もそのような意図で書かれており、ここでもそのような志向を持つ人を念頭において、案内をしたい。

ここでひとつ触れておかなければならないのは、仏教学といっても、それで仏教のすべてが学べるわけではないということである。仏教学は基本的に文献に基づいて仏教の教理的、思想的な展開を明らかにすることを目的としている。しかし、仏教はさまざまな実践を重視し、また、教団を形成して社会的な活動を行ってきた。そのような面を明らかにするには仏教学では不十分であり、歴史学・人類学・民俗学・宗教学などの領域からの研究が不可欠である。また、仏教福祉などの応用分野もある。それ故、仏教を学ぶといっても、それぞれの関心に従い、さまざまな方法がありうることを知っておく必要がある。

どこで学ぶか

仏教を学ぶのに、もちろん独学でもかなりの知識を得ることはできる。しかし、ともすれば独学は独断に陥り易いので、専門家の教えを受けるのに越したことはない。今ではそのような場はいろいろな形で用意されている。カルチャーセンターのようなものもあるし、大きな寺院では文化講座のようなものを開催している。故中村元博士が開設した東方学院のように、仏教やインド思想について、かなり高度なクラスを設けているところもある。放送大学など、テレビやラジオを用いることも可能である。そうした情報は、今ではインターネットで容易に得られるであろう。

それ以上のことを体系的に学ぼうとすれば、大学で学ぶことになる。多くの大学では社会人入学などの道を開いており、また、夜間部や通信教育などもあるので、社会人でも大学で学ぶことは決して困難ではない。

仏教を専門的に教えている学部や学科を持つ大学は、仏教の宗門で創立した大学に多い。大谷大学（真宗大谷派）、龍谷大学（浄土真宗本願寺派）、仏教大学（浄土宗）、花園大学（臨済宗）などは京都にあり、大正大学（真言宗豊山《ぶざん》派・同智山派・天台宗・浄土宗）、駒澤大学（曹洞宗）、立正大学（日蓮宗）などは東京にある。他にも、高野山大学（真言宗）など、宗門大学は各地にある。これらの大学では、各宗派の宗学だけでなく、一般の仏教学も教えている。宗門と関係ない大学でも、東洋大学や早稲田大学のように、仏教研究の伝統の長い大学もある。

国立大学では、大きな総合大学にはインド哲学の講座があり、インド仏教の研究教授を行っている。インド以外の仏教まで扱っているのは、東京大学、北海道大学など一部に限られる。しかし、宗教学や比較思想、東洋思想などの講座で仏教を教えているところは他にもあり、事前によく情報を得ることが必要である。

何を読むか

入門者のためには、今日では多くの入門書が文庫や新書の形で安価で容易に入手できるようになっている。それ故、ここではそのような種類の本の名を一々あげず、もっとも標準的な仏教全般の入門書のみをあげるにとどめる。

渡辺照宏『仏教』第二版（岩波新書、一九七四）

高崎直道『仏教入門』（東京大学出版会、一九八八）

三枝充悳『仏教入門』（岩波新書、一九九〇）

木村清孝『仏教の思想』（放送大学教育振興会、二〇〇五）

定評のある入門シリーズを文庫化したものとして、

上山春平・梅原猛編『仏教の思想』全一二巻（角川文庫、一九九六—一九九七）

このシリーズは、基礎的な仏教教学について平易で優れた解説がなされているので、中級者にも参考になる。

本格的な仏教史（並びにインド思想史）として、次のようなものがある。

早島鏡正・高崎直道・原実・前田専学『インド思想史』（東京大学出版会、一九八二）

中村元『インド思想史』（岩波全書、一九六九）
平川彰『インド仏教史』二巻（春秋社、一九七四―一九七九）
鎌田茂雄『中国仏教史』（岩波全書、一九七八）
同　『朝鮮仏教史』（東京大学出版会、一九八七）
石田瑞麿『日本仏教史』（岩波全書、一九八四）
山口瑞鳳『チベット』二巻（東京大学出版会、一九八七―一九八八）

概説書や研究書を読む以上に、ともかく原典をひもとき、熟読することが大事である。基本的な仏典の訳は、入手しやすい文庫本の形で出ている。まずお薦めしたいのは、岩波文庫で出ている原始経典である。

中村元訳『ブッダのことば』（岩波文庫、改訳一九八四）
同　『ブッダの真理のことば・感興のことば』（岩波文庫、一九七八）
同　『ブッダ最後の旅』（岩波文庫、一九八〇）

他にも出ているが、この三つがいちばん大事である。これらは仏教の知識がまったくなくてもよくわかり、共鳴できるであろう。原始仏教は、仏教全体の基礎となるものであるし、現代の我々にももっとも納得しやすいものであるから、その基本的な構造を勉強しておく必要がある。中村元の多数の著作は、原始仏教をもとにして幅広い範囲に及び、いずれも読みやすく、入門に好適である。

岩波文庫には、主要な大乗経典や、中国・日本仏教の古典も数多く収録されている。それらの中には読んでもすぐにはわからないものも多いが、座右においてたびたびページを繰ると、どこか引っかかってくるはずである。

大乗仏典については、サンスクリット語からの現代語訳のシリーズが文庫化されている。

『大乗仏典』一五巻（中公文庫、二〇〇一―二〇〇五）

伝統的な教理を勉強しようとするならば、凝然『八宗綱要』が必読書である。鎌倉時代の大学者が、弱冠二十八歳で書いた簡潔な諸宗教理の概説であり、今でもそれを超えるものがない。とはいえ、原文のままではわかりにくいので、次のものが便利である。

鎌田茂雄訳注『八宗綱要』（講談社学術文庫、一九八一）

ここまで進めば、後は主要な経典や古典的な教学を勉強していくことになる。その手引きとなる本格的な仏教学の研究案内として、次のようなものが便利である。

平川彰編『仏教研究入門』（大蔵出版、一九八四）

大久保良峻編『新・八宗綱要』（法蔵館、二〇〇一）

菅沼晃博士古稀記念論文集『インド哲学仏教学への誘い』（大東出版社、二〇〇五）

こうなると、漢文仏典の総集である『大正新脩大蔵経』を用いたり、サンスクリット語の習得などが必要になるが、いまはそこまで立ち入らない。

なお、手許に置くべき辞典としては、入門的に使えるハンディなものとして、

中村元・福永光司・今野達・末木文美士編『岩波仏教辞典第二版』（岩波書店、二〇〇二）

が便利である。進んで本格的に勉強するには、中村元『仏教語大辞典』（東京書籍、一九七五。縮刷版あり）や、織田得能『仏教大辞典』（一九一七。大蔵出版から復刻版）などを用いることになる。

いかに学ぶか

「はじめに」や第一章で触れたように、本書は従来の入門書と異なり、伝統的な仏教教学を現代の立場から批判的に検討し、再構築しなおすという方法を採った。とはいえ、もちろんそこでは伝統的な教学を踏まえ、前提としている。古典文献を恣意的に歪めて解釈することは許されない。古典を学ぶことは労の多い、遠回りの作業である。この付録で記したのは、そのような仏教教学を学ぶための手引きである。

しかし、だからと言って、そうした教学を深く勉強しなければ仏教がわからないというわけではない。昔から「唯識三年、倶舎八年」などといわれて、基礎学をマスターするのにそれほどの年数を要するとされてきた。そのような伝統に従って、覚悟を決めて専門的に勉強しようというのであれば、それはそれで非常に貴重なことである。しかし、一般の人が仏教を学ぼうというときには、それほど専門的な知識までは必要ない。

ただ、一応の教学の常識を心得ておく必要はある。日本人であれば、インド仏教よりも、空海、親鸞、道元など、日本の仏教者のことを中心に知りたいという方も多いであろう。その場合でも、彼らは仏教の教学を前提としてその思想を展開しているのであるから、少なくともその基本的な枠組を知っておくことは不可欠である。その上で、もっとも関心の深いテキストを中心に掘り下げていけばよいのである。

教条主義的な原理主義に陥らず、自分自身が直面している現代の問題に対しても関心を持ち、それについても勉強と思索を深めながら、古典文献を読んでいくとき、はじめて本当の発見があり、先人の築いてきた遺産の真髄に触れることができるであろう。

ちなみに、本書における著者の考えは、著者が別の著作で論じたことに基づいているところが多い。それについては、奥付対向頁に記した拙著を参考にしていただければ幸いである。

あとがき

本書は、拙著『仏教思想』（放送大学教育振興会、一九九七。改訂版、二〇〇一）に基づいている。同書は、放送大学のテキストとして出版されたもので、それに基づいて、一九九七年四月から二〇〇四年三月まで、放送大学（ラジオ）で講義が放送された。さいわいにも好評をいただき、放送大学の学生だけでなく、一般の方でもテキストを購入して読んでくださった方が少なくなかった。ただ、テキストはページ数が限られていたため、放送した内容をさらに圧縮して書かなければならず、もう少し説明を加えたいところもかなりあった。

有難いことに、トランスビューの中嶋廣氏から、それに手を加えて出版してはどうかというお話をいただき、その増補の作業にかかったが、どのようにするかということでだいぶ悩んだ。結局、本文を書き直すのは困難と判断して、最小限の修正を加え、小見出しなどを付すにとどめた（ただし、「はじめに」は全面的に書き換えた）。そのかわりに、追加の説明を脚注として補足し、理解を深められるように工夫した。併せて、参考文献一覧の代わりに、付録に「進んで仏教を学ぶ人のために」を加え、また、索引にも簡単な解説を入れて、辞書的に用いることができるようにした。これで、本書は入門からそのもう一歩先の段階まで、立体的にさまざまに活用できるようになったのではないかと考えている。なお、解説索引には藤井淳氏（日本学術振興会特別研究員）の協力を得た。藤井氏には、本文も通読して、問題点を指摘していただいた。

もととなるテキストが十年近く前のものであるから、その後、私自身の思索が深まり、本当ならば書き改めたいところもないわけではない。しかし、これはこれでまとまったものであり、基本となるところは変わっていないので、あえて大きく直すことはしなかった。最近の私の仏教観・宗教観については、拙著『仏教vs.倫理』（ちくま新書）、『日本宗教史』（岩波新書）などを参照していただきたい。

二〇〇六年四月

著　者

人名解説索引

ア　行

アーナンダ（阿難）　31

釈尊のいとこで十大弟子の一人。釈尊に仕え、その教説を最も多く聴いたため、多聞第一と称せられた。第１回仏典結集の際に経を誦出した。

アーリヤ・デーヴァ（提婆）　18, 22

２～３世紀頃の南インドの僧。中観派の論者。竜樹の後継者。主著『百論』。

アサンガ（無著・無着）　19

４～５世紀頃の瑜伽・唯識派の論師。北西インドの人。弥勒に師事。世親の兄。主著『摂大乗論』『金剛般若経論』。

アシュヴァゴーシャ（馬鳴）　164

２世紀頃のインドの仏教詩人。著作に『仏所行讃』など。『大乗起信論』も馬鳴の著とされるが後代のもの。

アショーカ王（阿育王）　17, 106, 186

前３世紀頃のマウルヤ王朝第３代の王。インドを統一後、仏教に帰依し、諸宗教を保護。詔勅を記した碑の一部は現存。

阿難　→アーナンダ

安世高　21, 34

後漢代の訳経僧。阿含経・アビダルマや禅経を漢訳。訳書『安般守意経』など。

安然　27, 166, 167

841～？、平安前期の天台宗の僧。近江の人。台密を完成。主著『悉曇蔵』『教時問答』。

アンベードカル　20, 173

1891～1956、インドの社会改革運動家・政治家。晩年、多数の不可触民と共に仏教に改宗し、新仏教運動の祖となる。

イェシェーデ　37

ヴァスバンドゥ（世親）　19, 23, 67

400頃～800頃、唯識派の確立者。旧訳では天親。アサンガの弟。はじめ部派の立場で『倶舎論』を著したが、のち大乗に転じた。主著『唯識三十頌』。

宇井伯寿　10

1882～1963、インド哲学・仏教学者。曹洞宗の僧。実証的な仏教学を確立。主著『印度哲学研究』『仏教汎論』。

ウパーリ（優婆離）　31

十大弟子の一人。釈迦族に仕えた理髪師。持律第一と呼ばれ、第１回仏典結集の際に戒律編纂の中心的役割を果たした。

栄西　50

1141～1215、日本臨済宗の祖。備中の人。入宋して虚庵懐敞に学び、帰朝後、京都に建仁寺を建立。主著『興禅護国論』。

叡尊　27

1201～1290、鎌倉時代の律僧。真言律宗の開祖。大和の人。西大寺を中心に活動。自伝『感身学正記』。興正菩薩。

慧遠　21, 178

334～416、東晋の僧。山西の人。廬山慧遠。道安に学び鳩摩羅什と親交。白蓮社の浄土教を興す。主著『沙門不敬王者論』、『大乗大義章』。

慧思　22

515～577、天台智顗の師。北斉の慧文について『法華経』による禅定を体得。主著『立誓願文』。

慧能　24, 139～141, 162

638～713、中国禅宗第６祖。嶺南の人。５祖弘忍の嗣。南宗禅の祖として称揚される。語録『六祖壇経』。

圜悟克勤　76

1063～1135、臨済宗楊岐派の僧。四川の人。雪竇重顕の『頌古百則』をもとに『碧巌録』を編纂。

円珍　27

814〜891、天台宗寺門派の祖。讃岐の人。入唐し密教を学ぶ。第5世天台座主。園城寺を再興。主著『法華論記』『大日経指帰』。智証大師。

円仁　27

794〜864、天台宗山門派の祖。下野の人。入唐し密教などを修学、会昌の廃仏を経験。第3世天台座主。主著『金剛頂経疏』『入唐求法巡礼行記』。慈覚大師。

役優婆塞（役行者）　129

7〜8世紀の伝説的な山岳修行者。修験道の祖とされる。役小角。

黄檗希運　24

？〜850頃、唐代の禅僧。福州の人。百丈懐海の嗣で臨済義玄の師。語録『伝心法要』。

王陽明　192

1472〜1528、明代の儒者。名は守仁。浙江の人。主著『伝習録』。

カ　行

覚鑁　86

1095〜1143、新義真言宗の祖。肥前の人。金剛峯寺の座主となるが、反対を受け紀州根来寺に移る。主著『五輪九字明秘密釈』。興教大師。

カマラシーラ　20, 140

8世紀の中観派の学僧。シャーンタラクシタの弟子。チベットに招かれ、サムイェーの宗論で勝利。主著『修習次第』『中観光明論』。

元暁　25

617〜686、新羅の学僧。入唐を志すも果さず。『大乗起信論』の注釈など著作多数。朝鮮仏教の基礎を築く。

灌頂　101

561〜632、中国天台宗第2祖。浙江章安の人。智顗に師事し、天台三大部を筆録。

鑑真　26, 128

688〜763、奈良時代の僧。揚州の人。苦難の末に753年来日。日本に具足戒を伝え、唐招提寺を建立。伝記に『唐大和上東征伝』（淡海三船）。

ガンディー　173

カント　59

基　23

632〜682、中国法相宗の祖。長安の人。玄奘門下で、中国法相教学を大成。『成唯識論述記』など著作多数。窺基とも。

義湘（義相）　25

625〜702、新羅華厳宗の祖。唐の智儼に師事。帰国後太白山に浮石寺を創建。主著『華厳一乗法界図』。

吉蔵　22

549〜623、隋代の僧。金陵の人。法朗に師事し三論宗を大成。浙江省の嘉祥寺に住し、後に煬帝の帰依を受ける。主著『三論玄義』。嘉祥大師。

行基　129

668〜749、奈良時代の僧。河内の人。畿内を中心に民衆教化と社会事業に尽力。大仏造営の勧進により大僧正となる。

凝然　9, 27, 48

1240〜1321、鎌倉後期の東大寺の学僧。伊予の人。八宗兼学で、『八宗綱要』『三国仏法伝通縁起』など著作多数。

キルケゴール　11

空海　26, 27, 46, 86, 88, 141, 142, 144

774〜835、日本真言宗の開祖。讃岐の人。入唐して恵果に密教を受ける。東寺・高野山金剛峯寺によって活動する。主著『三教指帰』『十住心論』。弘法大師。

鳩摩羅什（クマーラジーヴァ）　21, 34〜36, 110

344〜413、一説に350〜409頃、中国南北朝時代の訳経僧。亀茲（クチャ）の人。長安に到り、『法華経』『阿弥陀経』『中論』『大智度論』などを漢訳。

恵果　88

746〜805、唐代の密教僧。長安の人。不空の弟子で青竜寺に住す。空海の師。

玄奘　22, 35

602〜664、唐代の僧。河南の人。苦難の末、インドに留学し、多数の経論を請来、

『大般若経』などを漢訳。旅行記に『大唐西域記』。

源信　27, 154, 155

942～1017、天台宗の学僧。大和の人。通称、恵心僧都。良源に師事し、『往生要集』を著し日本浄土教の基礎を築く。

玄昉　39

？～746、奈良時代の法相宗の僧。俗姓は阿刀氏。入唐し一切経を請来。栄達して権力を振ったが、のち筑紫観世音寺に左遷。

光定　130

779～858、天台宗の僧。最澄に師事し大乗戒壇の実現に尽力。主著『伝述一心戒文』。

ゴータマ・ブッダ　4, 7, 15, 53, 82, 93, 108, 160

生没年は前566～486、前463～383など諸説ある。仏教の開祖。カピラ城の浄飯王の子、母はマーヤー（摩耶）。ゴータマは姓、名はシッダールタ。釈尊、釈迦牟尼。

弘忍　24, 139～141

601～674（異説あり）、中国禅宗第5祖。湖北の人。道信の嗣。東山で多くの弟子を育てた。

護法（ダルマパーラ）　23

530～561　南インドの学僧。『成唯識論』に出る唯識十大論師の一人。その説は玄奘の伝えた法相唯識宗において正統とされた。

サ　行

最澄　27, 47, 48, 50, 116, 129, 130, 142～144, 180, 181

767～822、日本天台宗の祖。近江の人。入唐し天台教学等を学ぶ。比叡山延暦寺を開創。晩年に大乗戒壇建立を主張。主著『顕戒論』『守護国界章』『山家学生式』。伝教大師。

竺仏念　35

中国南北朝時代の訳経者。涼州の人。鳩摩羅什の翻訳と前後して阿含経や『四分律』などを漢訳。

竺法護　34

239～316、敦煌の僧。月氏の人。西晋代に中国に来て、『正法華経』など150部を超える大乗経典を漢訳。

支謙　34

2世紀末～3世紀、三国時代の呉の人。在俗で訳経に従事。『維摩経』など漢訳。

シャーリプトラ（舎利弗）　113

釈尊十大弟子の一人。バラモン出身で当初外道に師事していたが、釈尊の弟子となり智慧第一と称せられた。

シャーンタラクシタ　20, 140

725～784頃、インドのナーランダー僧院の学僧。チベットに招かれサムイェー寺を建立。主著『中観荘厳論』。

シャンカラ　187, 188

700～750頃、ヴェーダーンタ学派の哲学者。南インドのバラモン階級出身。不二一元論を主張。主著『ウパデーシャ・サーハスリー』。

宗密　23

780～841、唐代の僧。四川の人。華厳宗第5祖。澄観に師事し教禅一致を主張。主著『原人論』。

朱子（朱熹）　192

1130～1200、南宋の儒者。宋学の大成者。安徽の人。字は元晦・仲晦。主著『四書集注』『近思録』。

貞慶　27

1155～1213、法相宗の僧。藤原通憲（信西）の孫。興福寺に学び、戒律復興や弥勒信仰でも知られる。主著『唯識同学鈔』『愚迷発心集』。

聖徳太子　26

574～622、用明天皇の皇子。母は穴穂部間人皇后。名は厩戸皇子など。推古天皇の摂政として仏教興隆に力を尽した。

支婁迦讖　21, 34

後漢の訳経僧。大月氏出身。『道行般若経』『般舟三昧経』など大乗経典を漢訳。

信行　24
541〜594　三階教の開祖。河南の人。末法意識に基づいた実践仏教を主張、一時流行するも、後に三階教は禁圧され消滅。

神秀　24, 139, 140, 162
？〜706、唐の禅僧。5 祖弘忍の弟子。三帝の国師となるが、神会から北宗として排斥された。

真諦　21, 35
499〜569、梁・陳代の訳経僧。西インドのバラモン出身。中国広州に至り『摂大乗論』などを漢訳。摂論宗の祖。

陳那　→ディグナーガ

神会　24, 139
670〜762、一説に684〜758、中国禅宗の荷沢宗の派祖。6 祖慧能に師事し北宗を攻撃、南宗を宣揚。『神会語録』あり。

親鸞　27, 50, 130, 143, 155, 169
1173〜1262、浄土真宗の開祖。法然の弟子。専修念仏弾圧により越後に遠流、赦免後、関東に移り布教を行う。主著『教行信証』、語録に『歎異抄』。

甄鸞　191

世親　→ヴァスバンドゥ

雪竇重顕　76
980〜1052、雲門宗の僧。四川の人。『碧巌録』のもととなる『雪賽頌古』の作者。

善導　24, 49, 152, 155, 161
613〜681、初唐の浄土教の僧。臨淄の人。曇鸞・道綽の流れを汲み、法然に大きな影響を与えた。主著『観無量寿経疏』。

善無畏　35
637〜735、唐の密教僧。中インドの王族出身。ナーランダー寺に密教を学び、中国に渡り『大日経』『蘇悉地羯羅経』などを漢訳。

僧祐　22, 39
445〜518、斉・梁代の律僧。『出三蔵記集』『弘明集』などを撰述。

タ　行

大迦葉　→マハーカッサパ

提婆　→アーリヤ・デーヴァ

提婆達多（デーヴァダッタ）　116
ゴータマの従弟。教団分裂を図った悪人とされる。

ダルマパーラ　→護法

智顗　22, 42, 101, 110, 112, 116
538〜597、隋代の僧。中国天台の開祖。湖南の人。慧思に師事、のち天台山で天台教学を体系づけ、隋の煬帝らの帰依を得た。主著『法華文句』『法華玄義』『摩訶止観』。

智儼　23
602〜668、華厳宗第 2 祖。杜順の弟子で法蔵の師。主著『華厳経捜玄記』。

智昇　39
658〜740、唐代の僧。『開元釈教録』を編纂。

知訥　25
1158〜1210、高麗の禅僧。曹渓宗の開祖。教禅一致の立場から朝鮮独自の禅を形成。主著『修心訣』。

澄観　23
738〜839、中国華厳宗の第 4 祖。五台山の大華厳寺に入寺し実践的な学風を築く。主著『華厳経疏』。清涼国師。

ツォンカパ　20
1357〜1419、チベット仏教ゲルク派の開祖。青海の生れ。顕密の学に通じチベット仏教を改革。主著『菩提道次第論』。

ディグナーガ（陳那）　19
480〜540頃、仏教論理学の確立者。南インドのバラモン出身。主著『集量論』『観所縁論』。

鉄眼道光　40
1630〜1682、江戸前期の黄檗宗の僧。肥後の人。鉄眼版（黄檗版）大蔵経を刊行。語録『鉄眼禅師仮名法語』。

デリダ　11

道安　21, 36, 39
312〜385、東普時代の僧。常山の人。仏図澄に師事。経典目録を作成するなど中国仏教の基礎を確立。また鳩摩羅什の中

国招聘に尽力。

道元　27, 50, 143, 169, 170

1200～1253、日本曹洞宗の開祖。京都の人。父は久我通親。比叡山で学び、入宋し如浄のもとで大悟。越前に永平寺を開く。主著『正法眼蔵』。

道綽　24, 48

562～645　隋・唐代の僧。山西の人。中国浄土教の祖師の一人。主著『安楽集』。

道宣　24

596～667、初唐の学僧。南山律宗の祖。主著『四分律行事鈔』『続高僧伝』。

徳一　116, 142, 144, 180, 181

8～9世紀、法相宗の学僧。筑波・会津に住み最澄と論争、また『真言宗未決文』を著し空海に疑問を呈した。

杜順　23

557～640、華厳宗初祖。弟子に智儼。その著作のほとんどは後世の仮託。

富永仲基　51

1715～1746、江戸中期の思想家。号は謙斎。儒・仏を歴史的に研究し大乗非仏説論を唱える。主著『出定後語』『翁の文』。

曇無讖　35

385～433、北涼代の訳経僧。中インド出身。『大般涅槃経』を漢訳。

曇鸞　24, 48

5～6世紀、北魏・北斉の僧。雁門の人。浄土教に専心、世親の『往生論』に対し『往生論註』を著す。

ナ　行

ナーガールジュナ（竜樹）　18, 22, 69～74, 78, 80, 189

150～250頃、中観派の祖。南インドのバラモン出身。空の思想を確立、「八宗の祖」と呼ばれる。主著『中論』『空七十論』。

ニーチェ　11

日蓮　27, 49, 104, 117, 143, 169

1222～1282、日蓮宗の開祖。安房の人。法華経中心の信仰を確立。他宗を攻撃し弾圧される。佐渡流罪後、身延山を開く。主著『立正安国論』『観心本尊抄』。

忍性　27

1217～1303、律宗の僧。字は良観。大和の人。叡尊に学び、鎌倉極楽寺を拠点に戒律を広め、社会救済事業を推進。

ハ　行

ハイデガー　11

パーニニ　29

前4世紀頃のインドの学者。サンスクリット語の文法を確定。

馬祖道一　141

709～788、唐代の禅僧。洪州宗の派祖。四川の人。6祖慧能の弟子南岳懐譲の法嗣。「即心即仏」「平常心是道」などの句が有名。

百丈懐海　76, 128

749～814、唐代の禅僧。福州の人。馬祖道一に師事。清規を制定、禅宗寺院の自給自足を図る。

平川彰　105, 106

平田篤胤　51

1776～1843、江戸後期の国学者。秋田の人。本居宣長に私淑し復古神道を体系化。主著『古史徴』『古道大意』『霊能真柱』。

不空　35

705～774、唐代の密教僧。北インドの人。長安で金剛智に師事、セイロンで学び、中国に戻り、『金剛頂経』など漢訳。

フッサール　97

プトゥン　40

1290～1364、チベットの学僧。チベット語訳仏典を収集・整理し大蔵経を編集、目録を著す。著書『仏教史』。

仏駄跋陀羅　35

359～429、東晋末から劉宋の訳経僧。北インドの人。『華厳経』などを漢訳。

プラトン　72

フロイト　98

ヘーゲル　11, 47

法蔵　23, 45

643〜712、華厳宗第3祖。長安の人。智儼の弟子。華厳教学を大成。主著『華厳五教章』『起信論義記』。賢首大師。

法然　24, 27, 48, 49, 152, 155, 161, 169

1133〜1212、浄土宗の開祖。美作の人。比叡山に学んだが、43歳のとき専修念仏の立場を確立、晩年、流罪となる。主著『選択本願念仏集』。

菩提達磨（達磨）　24, 139

6世紀始め頃の僧。禅宗の始祖。南インド出身。中国に渡来し、嵩山少林寺で2祖の慧可に法を伝えたという。語録『二入四行論』。

マ　行

マイトレーヤ（弥勒）　19

4〜5世紀頃の唯識派の論師。無著の師。主著『瑜伽師地論』。弥勒菩薩と同一視される。

摩訶衍　20, 140

8世紀末、中国禅宗の僧。チベットで、インドの学僧カマラシーラとの間に起きたサムイェーの宗論に敗れ敦煌に去る。

マハーカッサパ（大迦葉）　31

釈尊十大弟子の一人。頭陀第一と称せられ、釈尊の滅後教団の統率者となり、王舎城の第1回仏典結集を開いた。

マルクス　11

明恵　27, 169

1173〜1232、華厳宗の僧。紀伊の人。諱は高弁。栂尾に高山寺を建てる。『摧邪輪』で法然の念仏を批判。

弥勒　→マイトレーヤ

無著・無着　→アサンガ

無門慧開　76

1183〜1260、元の臨済宗の僧。浙江省の人。著書『無門関』。

村上専精　52

1851〜1929、仏教学者。丹波の人。東京帝国大学印度哲学科初代教授。『仏教統一論』で大乗非仏説論を唱えた。

馬鳴　→アシュヴァゴーシャ

ヤ　行

吉田兼倶　195

1435〜1511、室町後期の神道家。唯一神道の創唱者。主著『唯一神道妙法要集』。

ラ　行

竜樹　→ナーガールジュナ

臨済義玄　24

？〜866または867、唐代の禅僧。臨済宗の祖。山東の人。黄檗希運の嗣。河北鎮州の臨済院に住した。語録に『臨済録』。

書名解説索引

ア　行

阿含経典　32, 42, 43

原始仏教の経典。阿含は梵語アーガマの音写。一般に北伝仏教所伝のものを指し、長・中・雑・増一の四種（四阿含経）に分類される。

阿毘達磨倶舎論　→倶舎論

阿弥陀経　34, 149

1巻。鳩摩羅什訳。浄土三部経の一つ。仏が西方極楽浄土の様子を説き称名念仏を勧める。『小経』とも。

ヴェーダ　54, 55, 147, 186, 187

インド最古の聖典群。紀元前12〜後3世紀に至る間に成立。リグ、サーマ、ヤジュル、アタルヴァの4種に分かれる。

ウパニシャッド　54, 172, 186, 187

インド古代の宗教哲学的文献。ヴェーダ文献の末尾をなす。宇宙の根本原理（ブラフマン）と個人の自我（アートマン）の一致を説く。

易　88

往生要集　27, 154

3巻。源信撰。985年完成。浄土往生に関する問題点を全10章にわたって論じ、多数の経論を抜粋し念仏を勧める。

カ　行

開元釈教録　39

20巻。唐の智昇の編集。730年（開元18）成立。『開元録』『智昇録』ともいう。道安以来の経録編集の成果を集大成。一切経目録の代表的なもの。

観無量寿経　24, 149, 152〜154

1巻。浄土三部経の一。劉宋の畺良耶舎訳とされる。王舎城の悲劇を導入として、阿弥陀仏や浄土の荘厳の十六観の観法を説く。『観経』と略称。

観無量寿経疏　24

4巻。善導著。『観無量寿経』の注釈書。『観経四帖疏』ともいう。称名念仏を中心に凡夫のための浄土往生を説く。

起信論　→大乗起信論

倶舎論　17, 67

30巻。世親著。玄奘訳。詳しくは『阿毘達磨倶舎論』。真諦訳もある。説一切有部の説をもとに仏教教理を体系化。仏教の基礎学として学ばれた。

弘明集　22

14巻。梁の僧祐撰。六朝時代の仏法護教論集。唐の道宣撰『広弘明集』とともに儒仏道三教交渉史の重要資料。

華厳経　23, 33, 35, 43, 45, 83, 93, 94, 135, 138,

東晋の仏駄跋陀羅訳（旧訳華厳経、60巻）、唐の実叉難陀訳（新訳華厳経、80巻）、唐の般若訳（40巻）の3種がある。華厳宗の所依の経典。詳しくは『大方広仏華厳経』。

華厳五教章　23

3巻もしくは4巻。唐の法蔵著。華厳宗の教義を体系化。『華厳一乗教分記』『華厳一乗教義分斉章』ともいう。

解深密経　33, 42, 43

5巻。玄奘訳。異訳に『深密解脱経』（菩提流支訳）などがある。阿頼耶識や三性説などを説き唯識派のよりどころとされる。

金剛頂経　33, 35, 85, 88

大日如来が説いたという大部の経典の総称。金剛界を代表する。不空訳（3巻）、金剛智訳（4巻）、施護訳（30巻）などがある。

サ　行

摧邪輪　169

3巻。明恵著。1212年成立。法然の『選択本願念仏集』が菩提心を欠く点や、聖道門を誹謗している点を批判。

三経義疏　26

聖徳太子撰と伝える、三つの経典の注釈書の総称。『法華義疏』『維摩義疏』『勝鬘義疏』。近年は偽撰説が有力。

三国仏法伝通縁起　9

3巻。凝然著。1311年成立。インド・中国・日本の仏教諸宗の起源・流伝を概説。

三十四箇事書　168

代表的な天台本覚思想文献で34項目からなる。平安末期頃の成立。伝源信作『枕双紙』と同じもの。

三論玄義　22

1巻。隋の吉蔵著。三論の教理を簡明に説く綱要書。

史記　175

四分律　24, 32, 35, 47, 123, 125, 127～129

60巻。法蔵部の律。仏陀耶舎・竺仏念が5世紀初に漢訳。漢訳の律のなかで最も整理されており、唐の道宣以後広く用いられた。

ジャータカ　32, 82, 108

釈尊が前世に菩薩であった時の善行を集めた古代インドの仏教説話。本生譚。パーリ語の他、漢訳『六度集経』などが相当。

十住心論　→秘密曼荼羅十住心論

十二門論　18, 22

1巻。竜樹著と伝える。鳩摩羅什訳。三論の一つ。一切皆空を12章にわたって論じる。

出三蔵記集　39

5巻。6世紀はじめ頃、僧祐撰。中国における現存最古の経典目録。後漢から梁に至る訳経の記録などを収録。

出定後語　51

2巻。富永仲基著。1745年刊。仏教経典の成立を初めて批判的に論じ、大乗非仏説論を主張。

出定笑語　52

4巻。平田篤胤著。1811年成立。富永仲基の『出定後語』などに基づき仏教を排撃。

摂大乗論　19

無著の主著。仏陀扇多訳2巻、真諦訳3巻、玄奘訳3巻など。唯識説に基づく大乗仏教の綱要書。

笑道論　191

北周の甄鸞著。564年成立。道教と仏教を比較し、仏教の優れていることを論じる。『広弘明集』所収。

成唯識論　19, 23

10巻。玄奘訳。世親の『唯識三十頌』に対し、護法の解釈を主として他のインドの注釈を併せて訳す。法相宗の中心典籍。

スッタ・ニパータ　32, 172

最古の仏説を伝承するパーリ語の経典。長短さまざまな経典を集め5章から成る。経集。

選択本願念仏集　48

2巻。法然著。1198年成立。九条兼実の求めに応じ、称名念仏が往生の根本であることを明す。

即身成仏義　86

1巻。空海著。根本となる頌を解説する形で、密教の即身成仏の思想を説く。

タ　行

大乗起信論　19, 164～166

真諦訳1巻、実叉難陀訳2巻。如来蔵思想による大乗仏教の概論。馬鳴著とされるが、5～6世紀の成立。中国成立の可能性もある。

大正新脩大蔵経　38, 40

全100巻。1924～1934年刊。高楠順次郎・渡辺海旭らが編集した大蔵経。今日広く用いられる。大正蔵・正蔵と略称。

大智度論　34

100巻。鳩摩羅什訳。『大品般若経』の注

ナ　行

ハ　行

プトゥン『仏教史』(1322) に付載したチベット語の経典目録。3648部を収める。

プラーナ　187

ヴィシュヌ派かシヴァ派に属するヒンドゥー教の聖典。4～14世紀に成立し主要なものは18種類ある。宇宙の創造や破壊、神々について述べる。

碧巌録　76

10巻。雪竇重顕が選んだ『頌古百則』に圜悟克勤が垂示・著語・評唱を加えたもの。詳しくは『仏果圜悟禅師碧巌録』。

法華経 (妙法蓮華経)　22, 33, 34, 44, 45, 49, 83, 101, 103, 104, 108, 110, 112～118, 142, 143, 156, 169, 180, 182, 183, 194

8巻。鳩摩羅什訳。初期大乗経典の一つ。28品 (章) より成る。釈尊の久遠成仏や声聞・縁覚の二乗の成仏を説き、天台宗・日蓮宗などで所依とする。

法華験記　117

3巻。鎮源著。長久年間 (1040～1044) の成立。『法華経』の霊験譚を集める。詳しくは『大日本国法華経験記』。

法華玄義　22

10巻。隋の智顗講述、灌頂筆録。天台三大部の一。『妙法蓮華経』の経題を名・体・宗・用・教の5つの視点から説く。

法華文句　22

10巻。隋の智顗講述、灌頂筆録。天台三大部の一。『妙法蓮華経』の本文を解釈。

梵網経　126

2巻。鳩摩羅什訳とされるが5世紀頃中国で成立した偽経。大乗菩薩戒の根本聖典として東アジア仏教に大きな影響を与えた。

翻訳名義大集　37

梵語仏典とチベット語の訳語対照表。9世紀、チベット王ティデ・ソンツェンの命により翻訳官が編纂。

マ　行

摩訶止観　22, 101

10巻。隋の智顗講述、灌頂筆録。天台三大部の一。天台宗の観心を10章にわたって説く。一念三千など天台の根本思想を説く。

マハーバーラタ　187

古代インドの大叙事詩。バラタ族に属するクル族の百王子とパーンドゥ族の5王子とにまつわる戦争物語。原形は4世紀ごろ成立。

妙法蓮華経　→法華経

無門関　76

1巻。1229年刊。宋の無門慧開が編んだ公案集。48則を選び無門が評釈。日本には無本覚心が伝えた。

無量寿経　149, 150, 152, 154

2巻。魏の康僧鎧訳と伝える。浄土三部経の一。法蔵菩薩が四十八願を成就し無量寿 (阿弥陀) 仏となったこと、極楽の様子や往生のあり方を説く。

ヤ　行

唯識三十頌　19, 23

世親の主著。玄奘訳・真諦訳がある。唯識の教理を30の詩頌で要約する。玄奘訳『成唯識論』はその注釈書。

維摩経　34, 43, 136, 137

3巻、鳩摩羅什訳。呉の支謙訳、唐の玄奘訳も現存。在家の長者維摩が空の立場から仏弟子たちを論破する。

瑜伽師地論　35, 126

弥勒または無着作と伝える。漢訳に玄奘訳 (100巻) がある。初期の瑜伽行唯識説の代表的論書。

ラ　行

ラーマーヤナ　187

古代インドの叙事詩。ヴァールミーキ作と伝える。2世紀末頃、原形成立。コーサラ国の王子ラーマが、掠奪された妃シーターを奪回する話。

リグ・ヴェーダ　54

ヴェーダの中で最も古く重要。紀元前1200年頃から形成された。インドラなど

の神々への賛歌を中核とする。

理趣経　92

1巻。不空訳。詳しくは『大楽金剛不空真実三摩耶経般若波羅蜜多理趣品』。真言宗の常用経典。愛欲を肯定した経典として知られる。

老子　36, 191

事項索引

ア　行

カ　行

サ 行

タ　行

ナ　行

ハ　行

マ　行

ヤ　行

ラ　行

末木文美士（すえき ふみひこ）

1949年、山梨県甲府市に生まれる。1978年、東京大学大学院人文科学研究科博士課程単位取得。東京大学大学院人文社会系研究科教授を経て、現在、国際日本文化研究センター教授。専攻、仏教学、日本思想史。仏教を生きた思想として再構築すると同時に、仏教を含めた総合的な日本思想史・日本宗教史の解明をめざす。その基盤の上に、現代の哲学や倫理学の問題への新しいアプローチを摸索している。

著書

『日本仏教史——思想史としてのアプローチ』（新潮社 1992.7、新潮文庫　1996.9）

『日本仏教思想史論考』（大蔵出版　1993.4）

『平安初期仏教思想の研究——安然の思想形成を中心として』（春秋社 1995.2）

『仏教——言葉の思想史』（岩波書店，1996.7）

『仏教思想』（放送大学教育振興会　1997.3、改訂版 2001.3　＊本書の元になった本）

『鎌倉仏教形成論——思想史の立場から』（法蔵館 1998.5）

『「碧巌録」を読む』（岩波書店　1998.7）

『解体する言葉と世界——仏教からの挑戦』（岩波書店 1998.10）

『日蓮入門』（ちくま新書　2000.7）

『中世の神と仏』（山川出版社「日本史リブレット32」 2003.6）

『明治思想家論——近代日本の思想・再考Ｉ』（トランスビュー　2004.6）

『近代日本と仏教——近代日本の思想・再考II』（トランスビュー　2004.6）

『他者・死者たちの近代——近代日本の思想・再考III』（トランスビュー　2010.10）

『仏教vs.倫理』（ちくま新書　2006.2）

『日本宗教史』（岩波新書　2006.4）

上記の他に原典の現代語訳・共著・編著書が多数ある。

思想としての仏教入門
二〇〇六年六月五日　初版第一刷発行
二〇二一年四月五日　初版第七刷発行

著　者　末木文美士
発行者　工藤秀之
発行所　株式会社トランスビュー
東京都中央区日本橋人形町二-三〇-六
郵便番号一〇三-〇〇一三
電話〇三（三六六四）七三三四
URL http://www.transview.co.jp
振替〇〇一五〇-三-四一一二七
印刷・製本　中央精版印刷

ISBN4-901510-41-X　C1015